子どもの数学的な
見方・考え方が働く算数授業

6年

全国算数授業研究会
（企画・編集）

はじめに

　いよいよ新しい学習指導要領が実施される。教育課程が変わるということ
は教育理念自体が変わるということであり，これまで行ってきた授業を変え
なければならないということを意味する。

　算数科では，数学的な見方・考え方を働かせ，数学的活動を通して数学的
に考える資質・能力を育成することを目標とした授業の実現が求められてい
る。この中で特に意識すべきことは，目標の書き出しに見られる「数学的な
見方・考え方を働かせ」という表現である。「数学的な見方・考え方」は，算
数科の目標を実現するための前提として示された新たなキーワードである。算
数科の目標は全ての子どもを対象としているということから考えると，子ど
もたち全員が「数学的な見方・考え方」を働かせられるような算数授業が求
められている。つまり，「数学的な見方・考え方」を働かせるのは一部の算数
好きで数学的なセンスを持ち合わせた子どもというわけではない。決して一
部の子どもだけが「数学的な見方・考え方」を働かせるような算数授業であ
ってはならないわけである。では，目の前にいる一般的な子どもが働かせる
「数学的な見方・考え方」を大事にした算数授業とは，一体どのような授業な
のであろうか。本書では，その疑問に対する答えを示すために，第1学年か
ら第6学年までの全単元の算数授業における子どもの「数学的な見方・考え
方」が働く授業の具体に迫ってみた。

　ただ，予めはっきりしているのは，「数学的な見方・考え方」を働かせてい
る子どもの姿は決して特殊な子どもの姿や特別な子どもの姿ではないという
ことである。どこの教室でも普通に見られる子どもの自然な姿の中に「数学
的な見方・考え方」を働かせる子どもの姿が存在していると捉えなければな
らない。我々教師はそのような「数学的な見方・考え方」を働かせている子
どもの具体的な姿を把握し，それを引き出す手立てを講じることができれば，

算数授業の中で意図的に評価し，価値づけることもできるわけである。

　全国算数授業研究会は，これまで「授業を見て語り合う」ことを大事にし，子ども目線から算数授業の在り方を追求してきた。毎日の算数授業で子どもと正面から向き合い，より良い算数授業を求めて真剣に切磋琢磨する授業人による授業人のための研究を蓄積してきたのである。だから，我々は「数学的な見方・考え方」を働かせる子どもの具体的な姿をもっとも身近で見てきたとも言える。そこで，本書では「数学的な見方・考え方とは何か」という概念の整理や抽象化をねらうのではなく，学校現場で日々の算数授業を行う授業人が「数学的な見方・考え方」を働かせている具体的な子どもの姿を共有することを目的とした。その具体を理解し把握できたならば，たとえ初任者の教師であっても目の前にいる子どもの行動や姿の中から「数学的な見方・考え方」として価値あるものを見出すことができるし，価値づけることができるからである。

　なお，本シリーズで紹介した授業実践では，副題にもあるように「どんな姿を引き出すの？」，「どうやって引き出すの？」という2つの視点からポイントを示し，その後で具体的な授業展開を述べている。そこでは教師や子どものイラストを用いて，「数学的な見方・考え方」が発露する対話の具体的なイメージが持てるように配慮した。また，それぞれの「数学的な見方・考え方」を働かせる子どもの姿は，その授業を実践された先生方の子どもの見取りの結果を示しているものでもある。当該の算数授業において，教師が子どものどういうところに着目して授業を構成しているのかということも見えてくるので，多くの先生方にとっても参考になるはずである。

　本書が新学習指導要領で求められる算数授業の実現を目指す先生方にとってお役に立てたならば幸甚である。

全国算数授業研究会 会長　山本良和

子どもの数学的な見方・考え方を引き出す算数授業

6年

目次

Contents

本書の見方

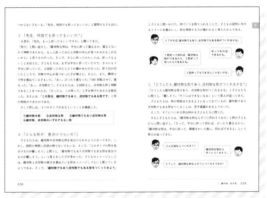

a
b
c

a

どのような見方・考え方を引き出すか

本時で引き出したい数学的な見方・考え方を記載しています。複数ある場合は，特に本時の中心となるものに★マークを付けています。

b

どのように見方・考え方を引き出すか

数学的な見方・考え方を引き出すための手立てを簡単に紹介し，本時の概略と教材の意図を提示しています。

c

本時の流れ

見方・考え方を引き出すためにどのように授業を展開していくのかを，子どもの姿ややり取りに焦点を当て詳述しています。見方・考え方が引き出されている子どもの姿やそのための手立てについては，吹き出しやイラストにしています。

子どもの数学的な
見方・考え方が働く算数授業　6年

線対称・点対称

成蹊小学校　尾崎伸宏

■ 本時のねらい

・形を見て，線対称な形なのか，点対称な形なのか，根拠を持って弁別できる。
・形をつくる活動を通して，図形の構成要素について理解し，対称な形について理解を深める。

■ 本時の問題

この形は，線対称な形なの，点対称な形なの。
決めた理由を説明しましょう。

■ どのような見方・考え方を引き出すか

・形を見分けるために，線を引いたり，折ったりする活動を通して，弁別の根拠を明らかにする。
・形をつくる活動を通して，図形のイメージを持たせ，線対称，点対称な形について理解を深める。

■ どのように見方・考え方を引き出すか

　この形は，線対称な形ですか，点対称な形ですか，と問われると子どもたちにとって困る形もある。本時では，「線対称な形であり点対称でもある形」を取り上げ，弁別できる力をつけたいと考えた。

　そのために，形づくりを取り入れる。まずは，ある形をつくるには，どんな方法で作ったらよいか，見通しをもたせたい。「折って切ったら形がつくれるかも」という言葉を子どもから引き出し，活動につなげていきたい。さらに，折り方の違いや回数の違いなど，子ども自らが問いを持ち取り組む姿も引き出したいと考えた。本時の活動を通してつかんだことを生かし，今後の

図形の弁別のイメージを持たせたいと考える。

■ 本時の流れ

1. 「この形って，線対称なの？　点対称なの？」

> この形は，線対称な形なの，それとも点対称な形なの。
> 決めた理由を説明しましょう。

　黒板に形を提示した。子どもたちに，「この形は，線対称
な形なの，点対称な形なの？」と聞いた。
「ぱっと見ただけではそんなすぐにはわからない」「え？」
と困ってしまった。そこで，「ではどうして，そんなに困っ
てるの？」と問い返すと，「う～ん」「手元で線を引いてみたり，折ってみれ
ばわかるかも」という答えが返ってきた。
「では，手元に図形をあげるね」と，子どもたちに黒板と同じ形を渡した。
　その後子どもたちは，図形に線を引いたり，折ったりしながら，この形が
線対称なのか，点対称なのか判別していた。
　では，「どんな形かわかった」と子どもたちに問うと，「もう少し時間を下
さい」「まだ，よくわからない」という答えが返ってきた。「どうして」と子
どもたちに問い返すと，「線対称であることはわかるけど，点対称な形なのか
もしれない」と言う。そこで，「どうして線対称であると言えるの」と子ども
に問うと，「線対称な形は，真ん中に対称の軸を引いて，重なるかどうかでわ
かるから」という答えが返ってきた。「じゃあ，困っているのは，点対称な形
であるかの判断だね」と視点が明確になった。

2. 「どうやって，見分けたらいいの？」

　線対称な形は，見分けられた子どもたち。しかし，まだ自信をもって点対称
な形かどうか見分けられていない。そこで，点対称な形について確認した。そ
の後，対称の中心を見つける活動に入った。しかし，なかなか対称の中心が見

つからない子もいる。「先生，何回でも折ってもいいの」と質問する子も出た。

3. 「先生，何回でも折ってもいいの?」

　A君が，「先生，もっと折ってもいいですか」と聞いてきた。

「何で」と問い返すと，「線対称な形は，半分に折って重なるか，重ならないかで判断できたから，もっと折ってみたら対称の中心が見つかるかもしれないから」と言うものだった。そこで，さらに折ってみたい人は，折ってもよいことを伝えた。子どもたちは，まずは半分に折っていたので，さらにもう半分に折っていた。2回折ってみたらどうか確かめたのだった。折り目が付いたところで，対称の中心が見つかった子が増えた。さらに，また，隣同士で形を重ねている子もいた。「あっ，ぴったり重なった」「180°回転させて，重なった」「あっ，点対称だ!」子どもたちは，2回折ると，点対称な形と判別できることをつかんだ。「だったら，この形って」と手を挙げたBさんを指名した。Bさんは，「この形は，線対称でもあり，点対称でもある形です」と形の判別ができたのである。

　そして形には，4つのタイプがあるということを確認した。

> ①線対称な形　　②点対称な形　　③線対称でもあり点対称な形
> ④線対称，点対称のいずれでもない形

4. 「どんな形が，見分けづらいの?」

　子どもたちは，線対称や点対称な形を見分けられるようになってきた。しかし，図形の判別に自信の持てない子もいる。そこで，「どのタイプの形を見分けるのが難しそう」と問うと，「線対称でもあり点対称でもある形を見分けるのが難しそう」という答えをした子が多かった。子どものイメージとしては，線対称と点対称の両方を兼ねている形をイメージしづらいと感じているようである。そこで，「線対称でもあり点対称でもある形をつくってみよう」

と子どもに問いかけた。形づくりを取り入れることで，子どもの図形に対するイメージを豊かにし，形を判別する力が養われると考えたからである。

どうすれば，線対称でもあり，点対称でもある形がつくれるかな。

1回折って切れば，線対称な形ができるから，2回折って切ったらできるかな。

折ってみれば，できるかも。

3回折ってもできるんじゃないかな。

5.「どうしたら，線対称な形であり，点対称な形がつくれるかな?」

「どうしたら線対称な形であり，点対称な形がつくれるかな」と子どもたちに問うと，「難しそう」「すぐにはできないなぁ」という答えが返ってきた。

　子どもたちは，形の判別はできるようになってきているが，線対称であり点対称でもある形をつくることは，苦手意識があるようだった。

　そこで，すぐにつくれる形は何かを子どもたちに問うた。

　すると子どもたちは，「線対称な形ならすぐに作れそうなの」と再び子どもたちに問い返すと，「だって，半分に折って切れば，ぴったり重なるから」「線対称な形は，半分に折って，模様をかいた後に，切ればできるよ」という答えが返ってきた。

どんな形ならつくれそう?

線対称な形ならすぐにつくれそう。

どうして，線対称な形ならすぐにつくれそうなの?

だって，半分に折って切れば，ぴったり重なるから。

線対称な形は，半分に折って，模様をかいた後に，切ればできるよ。

　そこでまず，子どもたちに線対称な形をつくらせることにした。線対称な折り紙を渡すと，子どもたちはすぐにいろいろな線対称な形をつくり始めた。授業の展開の構想では，線対称な形をつくらせる予定はなかったが，**課題の形**をつくるためのステップとして，子どものイメージの手助けとなると考え，つくらせた。

〈子どもたちがつくった線対称な形〉

6.「さらに折ったら，線対称であり点対称な形ができるかな?」

「真ん中で折ったら，ぴったり重なった」「斜めに線を引いてもぴったり重なるよ」とつぶやいている子がいた。子どもたちは折った状態で，何箇所か切れ込みを入れれば，線対称な形ができることを確認した。また中には，「2回折ったら，どうなるかな」とつぶやいた子がいた。線対称な形は，1回折ればできる。そこで，「2回折ったら，線対称であり点対称でもある形ができるかな」と問うと「線対称な形はできるけど，点

対称な形はどうかな」という答えが返ってきた。「じゃあ折って確かめてもいいよ」と言うと，子どもたちは折り始めた。「私は，こんな感じで折ったよ」とＣさんは斜めに2回折り，三角の形に折っていた。また，「僕は違う折り方をしたよ」とＤ君がつぶやいた。Ｄ君は，縦に半分に折り，さらに横に折って正方形の形に折ったのだった。ここで，子どもたちから新たな問いが出た。

折り方が違っても，どちらも線対称であり点対称な形ができるかな

　子どもたちに予想させると，できそうだという子とできないという子の割合がほぼ半数だった。ここで，折った後に何箇所か切り込みを入れるように指示をした。子どもたちは，折った後に，切り込みを入れて，どきどきしながら，開き始めた。すると，正方形の形に2回折った子も三角形の形に2回折った子のいずれも，線対称であり，点対称でもある形ができた。そして，折り方はどちらでもよいことがわかった。さらに，「3回折ったらどうかな」という子も出てきた。「3回折ってもできるよ」「絶対できるとは限らないよ」と隣同士で対話をしているペアもいた。「確かめてみたら」と子どもに問いかけ，再び折り紙を渡し，確認させる活動をさせた。

　すると，やはり線対称でもあり点対称な形ができた。「あれ，切り込みの回数は同じなのに，細かい形になっている！」と出来上がりの形に着目した子も出た。「だったら，4回折ったら，もっと細かい形が出来上がるのかな」と予想している子までいた。子どもたちの図形のイメージはどんどん膨らんできた。

〈3回折ってできた形〉

　そして，4回折って切り込みを入れて開いた子がいた。「折っている分，重なっている部分がさらに増えるので，同じように切っても細かな形が出来上がるんだね」と子どもから新たな気付きが出た。

〈4回折ってできた形〉

　子どもたちは，線対称でもあり点対称の形の作り方を理解した。そして，課題の図形づくりに取り組んだ。

　図形のイメージが湧いた子どもたちは，隣の子と出来上がった形を比べて，課題の形と同じ形ができたことを確認していた。

　形づくりは，子どもの図形のイメージを豊かにし，判別する見方も養う数学的活動であることを改めて実感した授業だった。

数量やその関係の式

東京都葛飾区立梅田小学校　根津直文

■ 本時のねらい

文字を使うことで，さまざまな数量を表すことができる。

■ 本時の問題

箱の中に入れた数は?

■ どのような見方・考え方を引き出すか

・文字の見方を拡張するために，文字には整数だけでなく小数や分数を入れても計算できるという考え方を引き出す。

■ どのように見方・考え方を引き出すか

x と書かれた箱を 2 箱用意し，それぞれの箱の中に同じ数を入れ，数を当てるゲームをする。「箱の中に入れた数は?」と問うことで，「それだと，わからないから，2 つの数の和を教えてほしい」と子どもたちは答えを当てるための手立てを考え始める。「2 つの数の和がわかれば数を当てられる」という考えを全体で共有していく中で，式にして説明させていく。式にする際，児童は箱を□と表現して説明しようとするので，箱の名前 x を使って説明させるようにする。例えば，$x + x = 10$ なら $10 \div 2$ で $x = 5$ になるというように説明させ，文字を使った式に慣れていく。

ゲームを数回行った後，子どもたち同士でゲームをすることを教師から提案する。ゲームを始めると「x には整数以外の数も入れていいか」が話題に出てくる。x に小数を入れても計算が成立することを，具体的な数値をあてはめ理解させていく。また，「x に小数を入れてもいいなら分数を入れてもいいはず」と動き始める子も出てくる。子どもたちの声を聞きながらゲームに

ルールを加えていくことで，文字にはどんな数を入れてもよいという考え方を引き出していく。

■ 本時の流れ

1. 文字式に慣れる　□を使った式から文字式へ

　x という文字にはどんな数を入れてもよいと子どもたちが理解することは難しい。今までは具体的な数値が示された問題で答えを求めるために立式してきているからである。しかし，文字式では具体的な数値が提示されず慣れない文字を使って立式することになる。そのため子どもたちにとって抽象的でハードルの高い学習となる。そこで本時では，文字に見立てた箱に，数が書かれた紙を入れるという具体的な操作を通して，箱の中（文字）にはどんな数を入れてもよいことを実感させていく。

　まず，x と書かれた箱を2つ提示し，「x と書かれた箱が2つあります」と子どもたちに伝える。x に数を書いた紙を入れるからその数を当てるゲームをすると伝え，実際に紙に数を書き，箱の中に入れる様子を見せるようにする。

　すると，「x には同じ数が入るんですか？」という質問が子どもから出てくる。「どちらの箱にも x と書いてあるから同じ数を入れるよ」と，ルールを確認し，「同じ文字には同じ数字を入れる」と板書する。子どもたちは口々に数を言い始めるが，そのうち「このままじゃ，数を当てることはできない」と言う子が出始める。そこで，「じゃあ，どうすれば正確に答えを当てることができるだろう」と問いかける。子どもたちの多くは「x に入れた数の和を教えてくれれば答えが出せる」と答える。「x に入れた数の和を教えれば，答えが出せるの？」と問い返し，和がわかれば x がわかる根拠を説明してもらう。

「もし□＋□＝10（□×2＝10）だったら，□は5になるよ」

「□を求めるには，÷2すればわかるね」

「もし10だったら，□＝10÷2で，5だよ」この段階で，子どもたちの多く

は□を使って説明し始める。

「せっかく箱にxと書かれているので、xを使って式にできる人いますか？」と尋ねると、「$x + x = 10$　xを求めるには、$10 \div 2$をすればいいから、xには5が入ってる」と箱の中に数を入れている様子を見た子どもたちは素直に答えることができる。和がわかれば、xが何かわかりそうだ、という考えを全体で共有した後、「x2つの和を伝える」というルールを付け加え、再び数当てゲームをスタートさせる。数当てゲームを何度か行い、文字を使った式に慣れさせていく。

> では、ゲームをしてみましょう。今度の和は22です。

> $x + x = 22$　xに11を入れると$11 + 11 = 22$。
> だからxには11が入る。

> 22ってことは、$22 \div 2 = 11$だから、xは11だ。

> xのような文字を使っても□と同じように計算できますね。
> xにいろいろな数を入れ、隣同士で数当てゲームをしましょう。

2. 「文字には、整数だけでなく小数や分数を入れてもいいんだ！」

ゲームに慣れてきたところで、子どもたち同士でゲームをすることを提案する。子どもたちには、箱の代わりに小さな白紙を何枚か渡す。この白紙の表にはxと書き、裏に当ててもらう数を書くように指示を出す。実際に何度かゲームをしていくうちに、なるべく数を対戦相手に当てられないよう工夫しようと子どもたちが動き出す。すると、子どもたちから「どんな数でもいい？」「小数（分数）を使っていい？」と質問の声が上がる。

ここで教師は、「え、xに入れる数を小数にしても数当てゲームできるの

?」と大いに驚く。ポイントは、「先生は、小数を入れても数当てゲームができることに気付いてないんだ」と子どもたちに思わせることである。子どもたちは、先生が気付いていないことを面白がり、どうして小数でもゲームができるのかを説明し始める。

整数でもできたんだから小数でもできるよ。

例えば、x が0.5だとするでしょ？
0.5 + 0.5 = 1だから、$x + x = 1$です、って教えれば、
1 ÷ 2 = 0.5って出せるよ。

小数のわり算も勉強してるし、簡単でしょ。

「整数でもできたんだから小数でもできるよ」という抽象的な説明から具体的な数値を入れた説明をさせるために教師はわからないふりを続ける。具体的な数値を入れた説明が出てくると、なんとなくわかっているふりをしてい

た子たちも次第に小数でも計算できることを理解し出す。何度か子どもたちの説明を聞いた上で教師が納得し,「xには小数を入れてもいい」とルールを追加する。ルールを追加した上でゲームを続けると,今度は「もっと難しくしたいから分数も使っていい?」とxに入れられる数をさらに拡張し始める。xという文字の中には,どんな数を入れても大丈夫と,子どもたちの文字の見方が拡張する瞬間である。しかし,分数のわり算に不慣れな子たちもいる。そこで,具体的な数値を使ってxに分数を入れても計算できることを実感させるようにする。分数でも小数と同じようにxに入れていいことを全員で共有し,「xには小数や分数も入れてもいい」というルールを加え,ゲームを再開する。

3. 箱の1つをyにする

　子どもたち同士でゲームをしていると,「もっと難しくしてほしい」「難しくできないかな」という声が聞こえてくる。主体的にゲームに関わろうとしている様子が見られたら,今度は箱の1つをyにする。

「箱の1つを今度はyにしてみるけど,これでも今までのルールで数当てゲームはできそう?」と話を全体に振り,一度全員でゲームをする。最初は簡単な数値を設定し,子どもたちから2つの反応を引き出すようにする。例えば,「和は6です。

xとyには,どんな数を入れたでしょう?」と聞くと,子どもたちの反応は,答えを出して安心している子たちと,たくさんの答えがあることに気付き戸惑っている子たちで分かれる。2つの反応が出たとき,教師は子どもたちから出るつぶやきをしっかりと聞き,問い返しながら,文字の中にたくさんの答えが入ることを全体で共有していく。

わかった。1と5だ。

すごいね，もう答えがわかった人がいるんですね。

あれ？　答えがたくさんあるから当てられないかも……。

答えがたくさんあるって，どういうこと？

6になる答えは，1と5，2と4って2つあることになるよ。

ちょっと待って。もっと答えがあるよ。

え，もっと答えがあるの？

だって，さっき x には小数や分数も入れて
いいってルールが足されたでしょう？

あ，そっか！　もし x が0.1なら，y は5.9って
答えが無限にできちゃう。

　小数や分数で考え始めたら，一度式にして整理していく。$x+y=6$，もし x が0.1なら y は $6-0.1=5.9$。文字が2つになると混乱する子もいるので，箱を指差しながら丁寧に確認していくようにする。箱を x と y の2箱にすると答えがたくさんできる体験から，「文字には，どんな数を入れてもよい」ことが実感されていく。

3 分数と分数のかけ算

◼ 本時のねらい

分数をかけることの意味を図や式を用いて考え，説明することができる。

◼ 本時の問題

1dLで $\frac{4}{5}$ m²塗れるペンキがあります。このペンキ $\frac{2}{3}$ dLでは，
何m²塗れるでしょうか。

◼ どのような見方・考え方を引き出すか

①既習のかけ算の意味（基準量×割合＝比較量），整数のかけ算や分数のかけ算（分数×整数）をもとに考えれば，かける数が分数になる場合があること。

②数直線やマス図などの数学的な表現様式を活用し，「$\frac{4}{5}$ を3等分した2つ分」の大きさを求めることで，分数のかけ算の意味を理解できること。

◼ どのように見方・考え方を引き出すか

①については，問題の「1dLで $\frac{4}{5}$ m²塗れるペンキがあります。このペンキ□dLでは，何m²塗れるでしょうか」というように，かける数の数値を□とし，そこに，①整数→②単位分数→③真分数という順で数を提示し，立式させる。その際，①に関しては，既習事項でもあるので求答させてよい。次に，□の中に，本時の主問題である分数「$\frac{2}{3}$」を入れる。これまで整数のかけ算，小数のかけ算と同様にかけ算であるという形式不易の原理と呼ばれる考えを引き出す。

②については，前時に（×単位分数）を取り扱っているか否かで変わってくるが，マス図などの数学的な図表現を活用し，$\frac{4}{5}$ m²を3等分した2つ分の

大きさを求めることで，$\frac{4}{5} \times \frac{2}{3}$ の答えが，なぜ $\frac{8}{15}$ になるのかを捉えさせる。このようにして，分数のかけ算の意味理解を図る。

■ 本時の流れ

1. かけ算の場面を式に表す

※子どもの実態に応じて，前時に「分数×単位分数」を単独で取り扱うかは考慮すべき点である。

問題文を次のように提示する。

> 1dLで$\frac{4}{5}$m²塗れるペンキがあります。このペンキ□dLでは，
> 何m²塗れるでしょうか。

まず，既習事項であるかけ算の意味（基準量×割合＝比較量）を確認するために，□に「2」を提示する。→$\frac{4}{5} \times 2 = \frac{8}{5}$

ここで，かけ算の意味を引き出し，確認することを重視したい。

次に，単位分数「$\frac{1}{3}$」を提示する。「2」やこれまでと同様に抵抗なく式を立てることができるだろう。→$\frac{4}{5} \times \frac{1}{3}$

そのあとに本時の問題である「$\frac{2}{3}$」を提示する。「『×2』の『2』が『$\frac{1}{3}$』『$\frac{2}{3}$』に変わっただけだから」といった形式不易の原理から，立式する子どもが出てくることが予想される。ここでは，詳細な立式の理由や根拠の説明を求めることに慎重でありたい。形式不易で十分である。

そのためには，以下のように式を縦に板書して，かける数の対応関係が見えるようにし，形式不易の原理が捉えやすいようにしたい。

（**2** dLのとき）　　$\frac{4}{5} \times$ **2**

（$\frac{1}{3}$dLのとき）　　$\frac{4}{5} \times \frac{1}{3}$

（$\frac{2}{3}$dLのとき）　　$\frac{4}{5} \times \frac{2}{3}$

 整数や小数のときと同じだね。

2. $\dfrac{4}{5}$ m²を3等分した2つ分の大きさを求める

次に，これまでに立式した3つの式（$\dfrac{4}{5} \times 2$, $\dfrac{4}{5} \times \dfrac{1}{3}$, $\dfrac{4}{5} \times \dfrac{2}{3}$）のそれぞ
れについて図に表していく。そこで，下記のような1 m²の図を配付する。そ

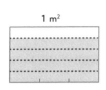

1 m²

してまずは，$\dfrac{4}{5}$ m²だけをかかせ，$\dfrac{4}{5}$ m²の図だけは揃
えた状態で活動を始めるようにする。

こうすると，「$\times \dfrac{1}{3}$」や「$\times \dfrac{2}{3}$」の図表現への抵抗
感が少なくなったり，その後の交流がしやすくなる。

「$\times 2$」「$\times \dfrac{1}{3}$」「$\times \dfrac{2}{3}$」の順に，個別に図をかかせていく。最後にまとめて
交流してもよいが，実態によっては，1つずつ交流し，確認することも考え
られる。

ⅰ $\dfrac{4}{5} \times 2$の図

ⅱ $\dfrac{4}{5} \times \dfrac{1}{3}$ の図

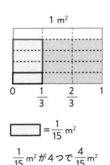

ⅲ $\dfrac{4}{5} \times \dfrac{2}{3}$ の図

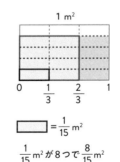

整数「2」のときの図を参考に，$\frac{1}{3}$ dL の場合，$\frac{2}{3}$ dL の場合について，順々に図をかきながら，考えていく。この手順を辿らせることによって，整数（× 2）のときと同じように考えればできそうだという見通しをもつことにもなる。また，「×2（整数）」と「×$\frac{2}{3}$（真分数）」の間に，「×$\frac{1}{3}$（単位分数）」を挟むことで，活動がスモールステップとなる。×$\frac{2}{3}$ の活動への抵抗感が少なくなるだけでなく，$\frac{2}{3}$ dL の場合を考える際に，「$\frac{1}{3}$ が 2 つ分」の見方が生まれやすく，それは，「3 等分した 2 つ分」という本時が目指す操作でもある。

3.　図を用いて答えを確かめる

　図が完成した後で，図を用いて答えを確認していく。本時は，あくまでも分数の意味を理解することが主たるねらいである。分母同士をかける，分子同士をかけるといった式から計算の仕方を考える時間ではない。答えは，あくまでも図を見て導き出すように留意する。

　図の中から答えを見い出す際には，①単位分数と，②それがいくつあるかというこの 2 点は，図を見て確認しながら進めていく。具体的には，以下のように進めていくことが考えられる。

〈$\frac{4}{5}$ ×2 の場合〉

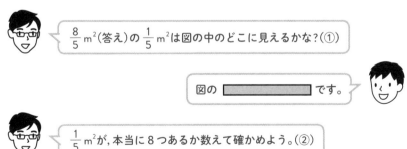

$\frac{8}{5}$ m²（答え）の $\frac{1}{5}$ m² は図の中のどこに見えるかな？（①）

図の ■■■■■■■■■ です。

$\frac{1}{5}$ m² が，本当に 8 つあるか数えて確かめよう。（②）

1，2，3，4，5，6，7，8。$\frac{1}{5}$ m^{2}が8つありました。

※印を付けるなどしながら数えることが，次の「×$\frac{1}{3}$」「×$\frac{2}{3}$」に活きる。

〈$\frac{4}{5}×\frac{1}{3}$の場合〉

$\frac{4}{15}$ m^2（答え）の$\frac{1}{15}$ m^{2}は図の中のどこに見えるかな？（①）

※「（$\frac{1}{15}$ m^{2}を指して）これって，$\frac{1}{12}$ m^{2}じゃないの？」と揺さぶりをかける
　ことも考えられる。こうすることで，もとになる数の1 m^{2}を再度意識させ
　ることができ，この後の「×$\frac{2}{3}$」にも活かされる。

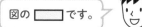

図の 　　　 です。

$\frac{1}{15}$ m^{2}が，本当に４つあるか数えて確かめよう。（②）

※印を付けるなどしながら数えることが，「×$\frac{2}{3}$」に活きる。

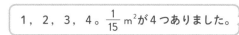

1，2，3，4。$\frac{1}{15}$ m^{2}が４つありました。

〈$\frac{4}{5}×\frac{2}{3}$の場合〉

$\frac{8}{15}$ m^2（答え）の$\frac{1}{15}$ m^{2}は図の中のどこに見えるかな？（①）

※「（$\frac{1}{15}$ m^{2}を指して）これって，$\frac{1}{12}$ m^{2}じゃないの？」と揺さぶりをかける
　ことも考えられる。こうすることで，もとになる数の1 m^{2}を再度意識させ
　ることができる。

図の □ です。

 $\frac{1}{15}$ m²が，本当に 8 つあるか数えて確かめよう。（②）

※「$\frac{2}{3}$ は $\frac{1}{3}$ が 2 つ分だから数えなくてもいいよ」といった姿が現れる可能
性がある。見逃さずに取り上げ，全体に拡げたい。

さっきの $\frac{1}{3}$ dLの 2 倍と考えればいいよ。

　ここで重要なのは，常にかいた図に戻してあげること。言葉（とりわけ音
声）による説明は，流れてしまい，分数がどの部分を指すのかが見えなくな
ってしまいがちだ。「どこ？」なのかを指差し，明らかにしながら交流するこ
とを心掛けるようにしたい。

　また，複数の図的表現が出てくることも予想される。その際は，「どちらが
よい」といったように優劣化，序列化を図ろうとするのではなく，2 つの共
通点に意識を向けたい。私は，序列化よりもこの手法を薦める。そうするこ
とで，「3 等分した 2 つ分」や「単位分数のいくつ分」といった分数の見方・
考え方が，ここでもさらに引き出され，強化されていくことになる。

　分数の場合，「×2」のように実際に「$\frac{2}{3}$ 回足す」とか「$\frac{2}{3}$ 倍」といった
操作はできない。だから，形式不易の原理にもとづいて立式したり，2 量の
倍関係から論理的に考えさせる方法も考えられるが，この論理は脆弱である。
子どもの中には，腑に落ちない子も出てくることが予想される。教師の説明
でも同様な状況が生まれるだろう。

　しかし，本実践のように，「×$\frac{2}{3}$」を，「3 等分した 2 つ分」という作業を
通して，経験させることで納得感が生まれる。このように作業的な数学的活
動を通して，答えを確かめるようなことも重要である。

　そして，このような，分数のかけ算における作業的な数学的活動及び見方・
考え方は，「分数のわり算」においても，そのまま適用されるものである。

4 分数と分数のわり算

山口県山口市立嘉川小学校　中村浩司

■ 本 時 の ね ら い

　分数の意味や表現，除法に関して成り立つ性質に着目し，分数の除法について多面的に捉え，計算の仕方を考える。

■ 本 時 の 問 題

> $\frac{2}{5}$ m²の板を塗るのに，ペンキを $\frac{3}{4}$ dL使います。
> このペンキ1dLでは，何m²の板を塗れるでしょうか。

■ どのような見方・考え方を引き出すか

①既習のわり算の意味，整数のわり算や分数のわり算（分数÷整数）をもとに考えれば，割る数が分数になる場合があること。

②除法に関して成り立つ性質を活用し，1にあたる数や割る数を1にすることなどを考えれば，分数のわり算を既習の分数のかけ算にできること。

■ どのように見方・考え方を引き出すか

　①については「$\frac{2}{5}$ m²の板を塗るのに，ペンキを□□□dL使います。このペンキ1dLでは，……」というようにペンキの量を□□□dLと提示する。まず□□□に整数「3」などを入れ，$\frac{2}{5} \div 3$ となることを確認する。この問題は既習の分数÷整数で解決することができる。次に□□□に分数「$\frac{3}{4}$」を入れる。「1dLでは」というように1を求めることから，整数と同様にわり算であること，1dLにあたる板の面積を□m²とすると，□$\times \frac{3}{4} = \frac{2}{5}$ となることから，かけ算の逆と捉えわり算になることを引き出す。

　②については，除法に関して成り立つ性質を活用し「割られる数と割る数を3で割って，4をかける」「割られる数と割る数に $\frac{4}{3}$ をかけて，割る数を

1にする」など既習の「分数÷整数」「分数×整数」や「分数×分数」に変えることを導き出す。

■ 本時の流れ

1.「割る数が分数になるの?」

$\frac{2}{5}$ m²の板を塗るのに,ペンキを□□□dL使います。
このペンキ1dLでは,何m²の板を塗れるでしょうか。

　まず,既習の復習として□□□に「2」を入れる。子どもたちはすぐに式を立てる。「簡単! 分子が2なので,計算しなくても2つに分けられるよ」と $\frac{2}{5} \div 2 = \frac{1}{5}$ と答えを出す。
　$\frac{2}{5} \div 2 = \frac{2}{5} \times \frac{1}{2} = \frac{1}{5}$ と分数のかけ算に式を変形させて,計算で答えを求める子もいる。
　次に本時の問題である「$\frac{3}{4}$」を入れる。子どもたちは「えっ? 割る数が分数になるの?」と疑問を持ちながら,一応 $\frac{2}{5} \div \frac{3}{4}$ と式を立てる。中には「わり算にしてもいいのかな?」と言う子もいる。そこで,割る数が分数になることを既習事項(分数÷整数)を使って確認することにする。
　「文章題から□□□が整数のときはわり算になったから,分数のときもわり

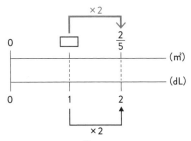

算になると思う」と推測する。そこで,整数「2」のときにどのように考えたか,分数÷整数で使った左のような図をもとに振り返る。
　「ペンキの量が2倍になっているので,塗れる量も2倍になる」
　「□の2倍が $\frac{2}{5}$」「式にすると□×2 = $\frac{2}{5}$ になる」
　「□を求める式は,かけ算の逆になるので,□ = $\frac{2}{5} \div 2$」など,前時の確認をしっかりしておく。既習事項は,見方・考え方を働かせる大きなポイント

になるからである。

割る数が分数になるか，整数のときと同じように
考えてみよう。

「2」を「$\frac{3}{4}$」に変えればいいと思います。
そうすれば同じようにできそうです。

　次に整数「2」のときの図を参考に，$\frac{3}{4}$dLの場合について，図をかき
ながら，考えていく。あらかじめ子どもたちに，整数のときと同じように考
えればできそうだという見通しをもたせてから取り組ませたい。図をかくの
が目的ではなく，「ペンキの量」と「塗れる面積」の関係をつかむことが目的
なので，正確でなくてもよい。

　子どもたちは「2」を「$\frac{3}{4}$」に変えようとする。しかし「2dLは1dLよ
り大きかったから，右に書いたけど$\frac{3}{4}$dLは1dLより小さいので右に書くと
おかしい」と反対の意見が出たことで，$\frac{3}{4}$の位置を考えたり，「$\frac{3}{4}$dLで$\frac{2}{5}$m²
塗れるから，$\frac{3}{4}$のところが$\frac{2}{5}$」と$\frac{3}{4}$に$\frac{2}{5}$が対応することを考えたりしながら，左
の図をつくっていく。中には関係の部分だけに着目して，関係を表す右の表
を書く子どももいる。いずれにしても関係が捉えられればよいので，1つの
図に集約しようとし過ぎないことである。

　その後「1dLのところは，わからないから□m²」「1dLが$\frac{3}{4}$倍だから
□m²も$\frac{3}{4}$倍すればいい」と既習の分数÷整数をもとに，関係を明らかにし

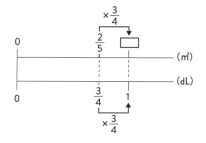

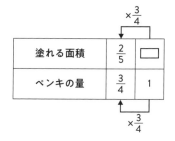

ていくことができた。

「□ × $\frac{3}{4}$ = $\frac{2}{5}$ になるから，かけ算を逆にしてわり算にすると □ = $\frac{2}{5}$ ÷ $\frac{3}{4}$ になる」「1のところが□で，1を求めているから，やっぱりわり算だね」

塗れる面積とペンキの量との関係に着目し，整数のときを根拠にし，割る数が分数になることを納得することができた。

2.「割る数が分数でもできるかな?」

割る数が分数になることを理解したところで，分数÷分数の解決を図る。課題を解決する際に見方・考え方を働かせるのは当然であるが，解決するために問いに働きかけ，見通しをもつ段階でこそ，見方・考え方を引き出し，働かせる必要がある。

> 割る数が整数のときの解決方法で，使えそうな
> 考え方はありますか?

> わり算の決まりが
> 使えると思います。

> 図も使えると思います。

> 割られる数と割る数に同じ数をかけても，割られる数
> と割る数を同じ数で割っても商は変わらないことです。

見通しをもって，割る数，割られる数，ペンキの量，塗れる面積等の数量の関係に着目しながら，解決を図る。答えまで行き着かなくても，既習の計算にできたところで，既習の計算に変えることができた考え方の共有を図る。「まず，何をしたのかな?」と初めにしたことを問う。ⓘ「割る数と割られる数に4をかけた」，ⓘⓘ「割る数と割られる数を3で割った」，ⓘⓘⓘ「割る数と割られる数に $\frac{4}{3}$ をかけた」という考えが出た。板書は，「$\frac{2}{5}$ ÷ $\frac{3}{4}$ = $\left(\frac{2}{5} × 4\right)$ ÷ $\left(\frac{3}{4} × 4\right)$」などのように途中の式までで止めておく。

$$\underset{\text{(i)}}{\boxed{\begin{aligned}&\frac{2}{5}\div\frac{3}{4}\\&=\left(\frac{2}{5}\times 4\right)\div\left(\frac{3}{4}\times 4\right)\end{aligned}}}\qquad\underset{\text{(ii)}}{\boxed{\begin{aligned}&\frac{2}{5}\div\frac{3}{4}\\&=\left(\frac{2}{5}\div 3\right)\div\left(\frac{3}{4}\div 3\right)\end{aligned}}}\qquad\underset{\text{(iii)}}{\boxed{\begin{aligned}&\frac{2}{5}\div\frac{3}{4}\\&=\left(\frac{2}{5}\times\frac{4}{3}\right)\div\left(\frac{3}{4}\times\frac{4}{3}\right)\end{aligned}}}$$

　ここで，3つの考え方に共通することを整理する。「割られる数と割る数に同じ数をかけても，割られる数と割る数を同じ数で割っても商は変わらない」というわり算の決まりを使っていることをまずは理解させておく。

　次に，「なぜ，かけたり割ったりする数にその数を使ったのか」をみんなで考える。①は×4，②は÷3，③は×$\frac{4}{3}$である。

　①について「なぜ，割る数と割られる数に4をかけたのかな？　4をかけるとどうなるの？」と子どもたちに4をかけた根拠を問う。
「割る数が3になる」「割る数が3で整数になれば習った計算でできるから」「今までに習った分数のかけ算や割る数が整数の分数のわり算が使えるから」などと根拠を見いだしてくる。そこで，割る数の部分を計算させてみて，既習の計算（$\frac{2}{5}\times 4\div 3$）になっていることを確認する。

　②についても①と同様に「なぜ3で割ったか？　3で割るとどうなるのか」子どもたちに根拠を問う。
「3で割っても，割る数の方は÷$\frac{1}{4}$で，分数で割ることになるからだめ」「もう一度，割る数と割られる数に4をかければいい」などと式だけで考えている

る子どもが多い。

　そこで，図を使っている子どもの考えを取り上げ，式と図を関連付けながら説明させることにする。

「$\frac{3}{4}$を3で割ると，$\frac{1}{4}$になるので，$\frac{1}{4}$dLのところになる」「$\frac{1}{4}$dLを4倍すれば，1dLになる」「だから面積の方も3で割って，4倍す

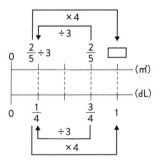

ればいい」

3で割ること4をかけることの意味が理解できたところで，既習の計算（$\frac{2}{5} \div 3 \times 4$）になることを確認する。

ⅲは割る数の方に着目し「1になるね」という子が多い。「1で割ると$2 \div 1 = 2$，$3 \div 1 = 3$というように，割られる数と答えが同じになる」「割る1はなくてもいい」という考えが多かったので，既習の計算を（$\frac{2}{5} \times \frac{4}{3} \div 1 = \frac{2}{5} \times \frac{4}{3}$）となることを確認し，ⅰ・ⅱ・ⅲを既習の計算の形で板書し，整理した。

ⅰ　$\frac{2}{5} \times 4 \div 3$	ⅱ　$\frac{2}{5} \div 3 \times 4$	ⅲ　$\frac{2}{5} \times \frac{4}{3}$

3. 共通する考え方は？

ここで3つの式から共通することを見いださせる。ⅰとⅱは「3で割っている」「4をかけている」というのはすぐに出てくる。そこで「ⅲに共通するところはないの」と投げかける。「3で割るから分母が3，4をかけるから分子が4と考えれば$\frac{4}{3}$になる」「$4 \div 3$を分数にすると$\frac{4}{3}$」とⅲとの共通点を見つけ，ⅰ・ⅱ・ⅲ全てが同じことを表していることに気付いた。最後にもとの式と縦に並べて比較すればよい。「かけ算がわり算になっている」「分子と分母が逆になっている」など容易に気付く。

 分数で割る計算の仕方を振り返りましょう。

 割る数の分数の意味を考えたら，分数のかけ算に変わることがわかりました。

割る数の逆数をかければできます。

このように数の意味や関係に着目し，既習事項から根拠を見いだすことを繰り返し取り入れ見方・考え方を膨らませていきたい。

5

割合の表し方

北海道札幌市立資生館小学校　中村光晴

■ 本時のねらい

　部分同士の比がわかっているときに，比の意味や性質などをもとに，全体の数量から部分の数量を求める方法について考えることができる。

■ 本時の問題

> ミルクティーを240 mL作ろうと思います。
> 牛乳と紅茶を3：5の割合で混ぜます。紅茶は，何mL必要ですか。

■ どのような見方・考え方を引き出すか

★部分と部分の関係，部分と全体の関係について，線分図を用いて考える。

・5：8＝x：240のように，等しい比の性質を使って考える。

・比の1あたり量を求め，それが何倍になるのかについて考える。

■ どのように見方・考え方を引き出すか

　前時に，子どもたちは，部分同士の比，部分の一方の数量がわかっているときに，もう一方の数量を求める問題について考えてきている。

　前時と本時には問題の構造に違いがあることを見抜くことができない子は，3：5＝240：xと考える。xを求めると，400が導き出される。けれども，「240 mLのミルクティーを作るのに，紅茶だけで400 mLが必要というのはおかしい！」という矛盾と出合う。ここで生まれた子どもの「問い」をきっかけに，問題の構造を明らかにする見方・考え方を引き出すのである。子どもの追究過程で，「8：5＝240：x」と板書し，式の意味について読む活動を組む。そうすると，問題文に8がないことから，「8って何ですか？」という疑問が子どもから出される。

子どもは，部分と部分の関係，部分と全体の関係について，等しい比の性質を使った考え方，比を割合と関連付ける考え方を用いて追究を深める。

■ 本時の流れ

1. 「変だ」「おかしい」という声をきっかけに，問題の構造に目を向ける

「ミルクティーを240 mL作ろうと思います。牛乳と紅茶を3：5の割合で混ぜます。紅茶は，何mL必要ですか」と，問題を板書した。

「できそうですか？」という教師の問いかけに対し，「できます！」「簡単！」など，自信満々の子どもの声が返ってきた。子どもたちは，解決の見通しをもつことができている。そういう場合，解決の見通しをもてるようにする教師の丁寧な関わりは必要としない。

「紅茶が何mLになるか，求めてみましょう」と話し，すぐに個の解決活動を組んだ。子どもは，等しい比の性質や割合の考え方を使って考えていく。

　だが，解決の途中で，「変だ」「おかしい」と首を傾げる子ども，手を止めてしまう子どもの姿が現れた。

　個の解決活動に入ってから，3分ほどで活動を止めた。

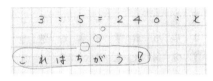

矛盾と出合う

「今，困っている人がたくさんいます。線分図を使って，みんなで考えていきます。1分取ります。ノートに線分図がない人は，線分図をかきましょう」

　問題の構造を見えるようにするには，線分図が効果的である。そこで，自分がどのように問題を見ているのかを意識できるよう，線分図で表す場を設定したのである。すると，線分図1をかいた子が6人いた。

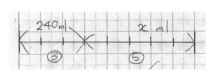

線分図1

　その子どもたちは，前時に，砂糖と小麦粉の重さの比が5：7になるように混ぜてケーキをつくる場面設定で，小麦粉を140 g使うときの砂糖の量を求

める問題について考えたことを生かしたのである。

「みんなの中に，こんな線分図がありました」と告げ，教師が線分図1を板書した。「えっ？」「間違いだ」という子どもの声が上がった。

「この線分図を書いた人の気持ち，わかるかな？」

　子どもたちは，友達の思考に寄り添って考えていく。

「前の時間に学習した線分図の形にしている」

「前の時間みたいに数を当てはめると，3の上に240があって，5の上にxがある。気持ちはわかるけど，間違っている……」

「3と5は，牛乳と紅茶の比。5の上にあるxは紅茶の量だけど，3の上にある240はミルクティーの量だからおかしい」

　そうして，子どもの発言をもとに，線分図1は前時の学びを生かしてつくられたこと，線分図1は本時の問題と合わないことを押さえたのである。

　線分図2を板書し，「次のような線分図をかいた人がいました。この線分図がどういう考えなのか，説明できるよ，という人？」と問いかけた。学級の半数近くの子どもが手を挙げた。

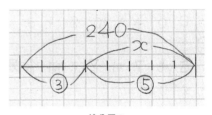

線分図2

「隣の友達に，この線分図はどういう考えなのか，説明してみましょう」という指示を出した。その上で，線分図2について読み取ったことを出し合うようにしたのである。

「今，紅茶を求めたいから，その上にxを書いている。3は牛乳だから，3のすぐ上には何も書かない。240はミルクティーを表している」

「紅茶の量を求めたいから，5の上にxを置いている。240 mLはミルクティーで，全体の量」

　こうして，前時の問題と異なり，部分同士の比と全体の量がわかっている

ときに，部分である紅茶の量を求める問題であることが明らかになった。

2. つまずきに焦点を当て，見方・考え方を働かせるようにする

　再度，2分ほど，個の解決活動を組んだ。教師は，机間指導で子どもの見取りをしていく。$240 \times \dfrac{3}{5}$ や $3 : 5 = 240 : x$ という式を書く子，手を止めて困った表情を浮かべる子が現れた。線分図で問題の構造を捉えられるようにしても，正しい答えにたどり着く解決をできるとは限らないのである。

　学級全体の話し合いでは，まず，「$3 : 5 = 240 : x$」と板書した。

> $3 : 5 = 240 : x$ という式を書いて困っている人がいました。気持ち，わかるかな？

> 全体が240 mLなのに，紅茶が400 mLになる。

> この式の答えは400 mL。ミルクティー全体の量より，紅茶の量が多くなっておかしい。

> この式は間違えた線分図の方と同じで，部分と部分で考えている。$8 : 5 = 240 : x$ ならいい。

　子どもたちは，線分図1や線分図2を使って $3 : 5 = 240 : x$ の式は間違いである理由について説明していった。こうして，子どもは，部分同士の比，部分の一方の数量がわかっているときに，もう一方の数量を求める問題に取り組んでいないことについて，等しい比の式から捉え直したのである。

3. 「全体の比：部分の比＝全体の数量：部分の数量」 の式を読むようにする

　$8 : 5 = 240 : x$ と板書し，「Aさんが『$8 : 5 = 240 : x$ ならいい』と言って

いました。**どういうことか，わかりますか?**」と問いかけた。

　すると，Bさんから，「8って何ですか?」という疑問が出された。この疑問は，問題文に8という数値がないことから生まれたのである。

[見方・考え方が働いている場面②]

今，Bさんが「8って何ですか?」と言いました。
式にある8は，何を表すのでしょう?

8はミルクティー全体の比になっている。240と関係のある比は8。

線分図の上にあるミルクティーは240 mLだから，線分図の下にある比の全体は3＋5で8。

牛乳の比3と紅茶の比5を合わせている。

　Cさんから「全体：部分はいいんですか?」と，新たな疑問が出された。この疑問に対し，他の子が説明していく。
「ミルクティー全体から部分の紅茶を求める問題だからいい」
「3＋5をして8にすると全体だから，等しい比の考え方を使える」

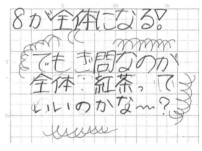

子どもの疑問

「8はミルクティー全体で，それをもとの量にして考えるから，$5:8＝x:240$にした方がわかりやすい」

　子どもから出された考えをもとに，$8:5＝240:x$と$5:8＝x:240$は全体と部分で考えた等しい比の式であること，本時の問題が全体から部分を求める問題であることを押さえるようにした。
「全員，立ちましょう。$8:5＝240:x$はどういう考えなのか，隣の友達に

自分の言葉で説明します。説明が終わったペアは座って，ノートに説明したことを整理しておこう」と，指示を出した。わかったことについてアウトプットする場を設定することで，学んだことの定着を図ったのである。

4. 紅茶の量はミルクティー全体の $\frac{5}{8}$ にあたる考えを読むようにする

子どものノートにあった「$240 \div 8 \times 5 = 150$」という式を板書した。

「全員，立ちましょう。$240 \div 8 \times 5 = 150$ と考えた人がいました。この式の意味を席の前と後ろの人でお話します。お話が終わったペアは座り，ノートに考えたことを書きましょう」

子どもたちの中で，8の意味は共有されている。式の読み取りのハードルが下がっている。どの子も説明できた。

学級全体の話し合いに入る。

「240 mL を8で分けた1つ分は30 mL。紅茶は8で分けたうちの5つ分だから，30×5をしている」

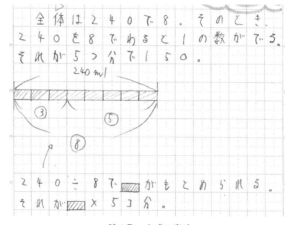

読み取った式の意味

「$240 \div 8$ をしたら，線分図の1目盛り分が30になる。紅茶は5目盛り分あるから5をかけて，150 mL になる」

「私は，$240 \times \frac{5}{8}$ で考えたんだけど，この式と意味は同じで……」

こうして，子どもたちは，比の1あたりの数量を求め，その何倍あるかで考えた式の意味を明らかにしていったのである。

6 形が同じで大きさが違う図形

新潟県新潟市立新津第三小学校　間嶋哲

■ 本時のねらい

　大きさが違っていても形が同じ図形（拡大・縮小）ならば，対応する角の大きさがすべて等しく，対応する辺の長さの比が一定であることがわかる。

■ 本時の問題

> ⑦の長方形と同じ形に見えるのは，どちらの長方形でしょうか。

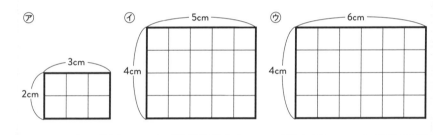

■ どのような見方・考え方を引き出すか

①大きさが違っていても形が同じに見える図形間の関係に着目し，対応する角の大きさと辺の長さを考察すること。

②拡大・縮小の関係にある図形同士は，対応する角の大きさが等しいだけではなく，対応する辺の長さの比がどこでも一定でなければならないことを見いだすこと。

■ どのように見方・考え方を引き出すか

　基本的な図形をもとに，形が同じに見えるかどうかを類別させる活動を行う。その中で，図形を構成する要素（角の大きさ，辺の長さ）が関係することに着目させる。三角形なら，対応する角の大きささえ等しければ同じ形に見えるが，

長方形（全ての角度は90°）なら，同じ形には見えない場合がある。ここで，辺の長さの変わり方に着目させ，同じ形に見えるためには，同じ長さだけ辺を伸ばせばよいのではなく，辺が等倍される必要性に気付かせる。

■ 本時の流れ

1. 「同じ形の三角形のヒミツ，見つけたよ！」

次の4つの三角形（①〜③は二等辺三角形，③は①の2倍の拡大図，④は直角三角形）を提示し，「同じ形に見えるのは，どれとどれかな？」と問う。

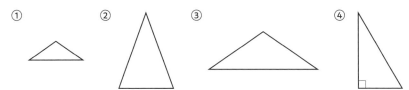

拡大・縮小関係にある図形（三角形）を類別する活動である。さまざまな反応が予想できるが，「①と③が同じ形に見える」という反応を引き出した。

次に「①と③が同じ形に見えるのは，なぜかな？」と問う。図形の要素の1つである，角の大きさに着目させるためである。

①と③は同じ二等辺三角形だし，どこの角度も同じだから同じ形に見えるのだと思います。

確かにどこでも角度が同じだから，重ねてみると，ぴったり重なりすぐに同じ形だとわかります。

ここで，②や④の三角形が①と同じ形に見えないことを明確にしておく。重ねるという操作は，以降の学習の大きな布石となる。提示する三角形が，磁石付きのカードになっていると，黒板上で動かし重ねることができる。

この段階で「対応する（角）」という用語を教えておく。そして，大きさは違っていても同じ形である関係を，「拡大」「縮小」と呼ぶことを知らせ，併

せて「拡大図」「縮図」の用語も押さえておく。さらに，三角形の場合は拡大・縮小の条件が，「対応する角の大きさが全て等しい」とまとめる。

　時間的な余裕があれば，一般的な三角形も取り上げ，どんな三角形であっても，対応する角度が等しければ拡大・縮小関係となることも確認したい。なお，辺の長さについては，この段階では，あえて取り上げない。

2.「長方形なら，どんなときに拡大・縮小となるのかな?」
① 本時の学習課題を設定するまで

㋐の長方形と同じ形に見えるのは，どちらの長方形でしょうか。

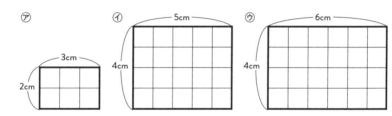

本時でメインとなる問題を提示する。

　三角形で同じ形に見えたのは，「対応する角の大きさが等しいから」であることを押さえた。提示された長方形の角度は，すべて90°である。しかし，何となく㋑と㋒の形が違うことに気付かせる。

㋑と㋒は同じ長方形で，対応する角の大きさも90°だけど，僕には形が同じようには見えません。

㋐と㋒は同じ形に見えるけど，㋐に比べて㋑の形は，少し太くなった感じがします。

拡大・縮小の関係になるためには，角の大きさだけでなく，辺の長さも関係あるのかな?

辺の長さへのつぶやきが見られたなら，次の学習課題を板書する。

> 拡大・縮小の関係であるためには，対応する角の大きさが等しい以外に，どんなことが必要なのだろうか。

② それぞれの考え方を，言葉で表現する

　問題に立ち返り，⑦と⑦の長方形の辺の長さだけを取り上げる。辺の長さが，どのように変化したのかを考察する段階である。

「⑦と⑦の長方形の辺の長さは，⑦の長方形と比べると，どのように変化したのかな？」と問い，以下のようにまとめる。

⑦	縦2 cm	横3 cm	
⑦	縦4 cm（2 cm増えた）	横5 cm（2 cm増えた）	違う形?
⑦	縦4 cm（2 cm増えた）	横6 cm（3 cm増えた）	同じ形?

　⑦については，本来，拡大・縮小の定義からすると，「（縦も横も）2倍になった」と記述すべきだが，ここでは，⑦で使った加法の考え方をあえて残しておく。子ども同士が考えを交流する過程で，徐々に加法の考え方が否定されていく場面こそが，本時の山場となるからである。

　⑦の長方形は⑦の長方形と比べると，「同じ長さ（ここでは2 cm）だけ伸ばせばよい」という考え方である。一方，⑦の長方形は⑦の長方形と比べると，「等倍（ここでは2倍）にすればよい」という考え方である。どちらの考えが適切か，少し時間を取って考えさせていく。その際に必要なことが，それぞれの考え方を言葉で表現し，その言葉だけで発展的に考えさせる学習活動である。

③ それぞれの考え方に合わせて具体例を考え，真偽を確かめる

　縦と横の長さの変化の仕方として，「同じ長さだけ伸ばせばよい」という考え方と，「（縦も横も）同じ倍にすればよい」という考え方を対立させていく場面である。次のように投げかける。

2つの考え方でできる別の長方形を，それぞれ作図してみよう。

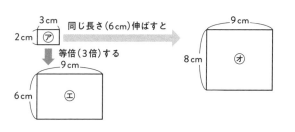

縦と横が2cmずつ伸びたときには気付きにくかったのに，6cmずつ伸ばしていくと，ずいぶん前の長方形とは様子が異なってくる。子どもからは，「なんだか正方形みたいになった」という声もあがる。一方，等倍した長方形は，2倍のときでも3倍のときでも，やはり同じ形の長方形に見えている。

このように，少し極端な例を2つの論理で導いていくと，どちらの論理が正しそうなのか見当を付けられるのである。まさに，数学的な見方・考え方が働いている場面である。

④ やっぱり，「重ねる」と見えてくる

三角形の類別の際，「重ねる」操作があった。これまでに登場した長方形をいくつか重ねてみると，後で拡大図や縮図を作図する際にも使われる対角線が見えてくる。

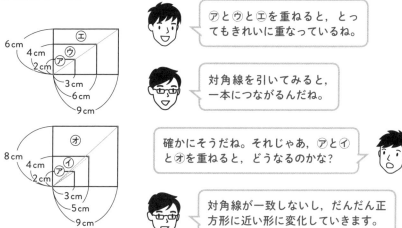

拡大・縮小関係になる条件には，対応する辺の長さが等倍であることも必要であることが，このようにしてわかっていく。

3.「長方形以外の四角形でも，同じことが言えるのかな？」

前述したところまでで，拡大・縮小のまとめを以下の通り板書する。

> 形が同じ　⇒　拡大（拡大図）・縮小（縮図）
> 　①対応する角の大きさが等しい。
> 　②対応する辺の長さが等倍（2倍，3倍，……）である。
> ★拡大・縮小ならば，対角線も一致する。

　なお等倍については小数倍，分数倍でもよいこと，そして，拡大図から見れば，縮図は$\frac{1}{2}$倍，$\frac{1}{3}$倍となることにも触れておく。

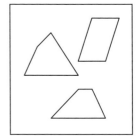

　時間に余裕があれば，子ども一人一人に方眼紙を与え，好きな四角形を描かせていく。そして，隣の友達と交換させ，2倍もしくは3倍の拡大図に挑戦させてみたい。

　長方形は，四角形の中でも特別な四角形であり，拡大・縮小の考え方をより一般化するためには，例えば平行四辺形や台形などの四角形，さらには一般的な四角形で試していくことが必要である。

　方眼のマス目を使って拡大図をかかせる場合，対応する頂点の位置を間違え，正しい拡大図にならない子どもが意外と多い。それを防ぐためには，頂

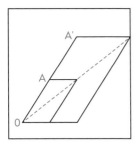

点の位置関係を言葉でまとめることが必要である。例えば左図の場合は，点Oから点Aへは2マス右，3マス上の位置にあり，点Oから点A'へは4マス右，6マス上の位置にある。座標の位置が比例関係ならば，傾きが等しくなることも押さえておきたい。

7

三日月２つ分の面積を求めよう

筑波大学附属小学校　中田寿幸

■ 本時のねらい

半円と直角三角形を組み合わせてできた「三日月２つ分」の面積を図形の重なりを考えながら求める。

■ 本時の問題

右の図の斜線部分の面積を求めましょう。

■ どのような見方・考え方を引き出すか

・直接求められない面積を，図形の重なりを考え
ながら，別の求められる面積をもとに考えていく。

★重なりを考えながら式を比べることで，同じ面積になる形を見い出していく。

■ どのように見方・考え方を引き出すか

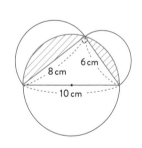

「三日月２つ分」の面積を求めるためには，半径
３cmの半円と半径４cmの半円を合わせた面積か
ら，右の斜線の部分（子どもたちは「何とも言え
ない形」と表現した）を除けばよい。しかし，「何
とも言えない形」の面積がすぐにはわからない。半
径のない曲線のある形だからである。こうして
「何とも言えない形」を求めることが子どもたちの課題になる。「何とも言え
ない形」の面積は，半径５cmの半円の面積から24 cm² の直角三角形を除いて
も求められる。こうして，円周率3.14を使って計算していった「三日月２つ
分」の面積が直角三角形の面積と同じ整数値の24 cm² となる。円周率3.14を
使って計算しているにもかかわらず，整数値の24 cm² になってしまうことに
子どもたちは疑問を感じる。どこかで3.14の計算が無くなってしまっている

のではないか。計算していく式に注意を向けると，同じ数値になっている場所に目が向く。この同じ数値になっていくところが形は違っても同じ面積になっているところであることを見い出していく。

■ 本時の流れ

1.「三日月2つ分」の面積を求めることを伝える

右の図を提示し，斜線部分の面積を求めることを伝える。斜線部分が何に見えるのかを聞くとパンダ，三日月，ミッキーマウスなどと答える。本時は「三日月2つ分」と呼ぶこととした。図が複雑になり，図のどの部分を言っているのかわかりにくくなるときには図に名称を付けることで，子どもが図を捉えやすくなる。

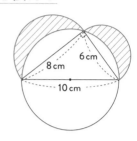

2. 作図しながら2つの三日月がどのようにできたのかを捉える

2つの三日月がどのようにしてできてきたのかを，全員で一斉にノートにかいて考えていった。

半径5cmの円の中に辺の長さが8cmと6cmの三角形をかく。できた三角形は直角三角形であることを伝える。すると直角三角形の面積は24cm²であることがわかる。次に8cmと6cmのまん中を中心として，半円をかく。こうして2つの三日月ができる。

時間短縮，そして図形が正確にかけるかどうかを考えると，あらかじめできている図を配付する方法もある。しかし，作図の過程自体が，重なってできている図形相互の関係を理解していくことになると考えた。

3.「『三日月2つ分』の面積を求めよう」

「三日月2つ分」の面積を求めるために，最初に子どもが目を向けたのが，斜線部分の「何とも言えない形」である。

この部分を2つの半円から除けば「三日月2つ分」の面積を求められることが見えてくる。

> 2つの半円から、この「何とも言えない形」を引いて求めようと思ったんだけど……。

> 「何とも言えない形」には直線もないし、扇形でもないし、葉っぱにもならないし……。

> 「何とも言えない形」の面積がわかればいいね。

こうして「何とも言えない形」の面積を求めることが課題になった。

4. 「『何とも言えない形』の面積はどのように求められるかな」

(1) 扇形を求めて、二等辺三角形をとればいい

　右の図のように直角三角形を半分にする半径をかき入れ、扇形を2つ作る。それぞれの扇形から直角三角形を半分にした三角形を取れば、「何とも言えない形」のそれぞれの面積がわかると考えた子どもがいた。しかし、扇形の面積が求められず、先に進めずに困っていた。

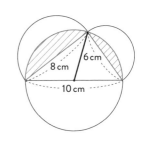

　この子どもの「扇形から二等辺三角形を引く」という考え方から、次の「半円から直角三角形を引く」という発想が引き出された。

(2) 半径5cmの大きな半円から直角三角形を取ればいい

　扇形の面積を求めれば「何とも言えない形」の1つずつの面積を求められる。しかし、ここでは「三日月2つ分」の面積を求めるのであって、「何とも言えない形」も2つ合わせた面積がわかればよい。すると半径5cmの大きな半円から直角三角形を取ればよいことが見えてくる。

半円から直角三角形を取れば「何とも言えない形」の合計が出るでしょ。

1つずつは無理だけど，合わせたのは出てくるね。

合わせたのがわかれば，「三日月2つ分」がわかるでしょ。

「何とも言えない形」の面積を計算で求めると次のようになった。

（半径5cmの大きな半円） － （直角三角形） ＝なんとも言えない形2つ分

（$5 \times 5 \times 3.14 \div 2$）　 － 　（$6 \times 8 \div 2$）　 ＝ 15.25（cm²）

5. 「これで『三日月2つ分』の面積が出せるね」

「何とも言えない形2つ分」の面積がわかったので，「三日月2つ分」の面積を求めていった。ここでは2つの方法が出され，さらに計算が楽になる方法が2つ出された。

(1) 2つの半円から「何とも言えない形」を引いて求める

半径4cmの半円は　$4 \times 4 \times 3.14 \div 2 = 25.12$

半径3cmの半円は　$3 \times 3 \times 3.14 \div 2 = 14.13$

2つの半円の合計は$25.12 + 14.13 = 39.25$

ここから「なんとも言えない形」を引くと

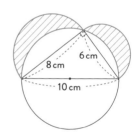

$39.25 - 15.25 = 24$　となる。

3.14を使って計算をしたにもかかわらず，「三日月2つ分」の面積が直角三角形の面積と同じになった。拍手をする子どもがいた。どうして拍手をしたのか聞いてみれば，「三日月2つ分」と直角三角形の面積が等しくなったことへの驚きを表現させられたのにと反省している。

(2) 2つの半円と直角三角形を合わせてから大きな半円をとって求める

2つの半円の面積の合計は39.25 cm²。

これに直角三角形の24 cm²を加えると$39.25 + 24 = 63.25$（cm²）

そこから大きな半円 $5 \times 5 \times 3.14 \div 2$ を引くと　$63.25 - 39.25 = 24\,(\mathrm{cm}^2)$

答えが整数になったことから小数部分がひき算によって消えているのではと考えた子どもがいた。

(3) 3.14を計算しないで，楽に計算する方法

2つの半円と直角三角形を合わせてから大きな半円を取ったのは同じなんだけど，まとめて3.14をかけるようにしたよ。

3.14の計算が何回も出てくるからねえ。

3.14でまとめると $(8 + 4.5 - 12.5) \times 3.14$ になるでしょ。$8 + 4.5 - 12.5$ が0になるから，残った24になる。

3.14の計算が0になるから整数の24になるんだね。

$4 \times 4 + 3 \times 3 = 5 \times 5$ になるから，途中の計算をしなくても，直角三角形の面積の $24\mathrm{cm}^2$ が残るでしょ。

3.14をいちいち計算しないで，まとめて3.14をかけるようにする。

$4 \times 4 \times 3.14 \div 2$ を $4 \times 2 \times 3.14$ にすると 8×3.14

$3 \times 3 \times 3.14 \div 2$ だから 4.5×3.14

$5 \times 5 \times 3.14$ だから 12.5×3.14

ここまでを式でまとめると，$(8 + 4.5 - 12.5) \times 3.14$ になる。

$8 + 4.5 - 12.5$ が0になるから，残った24になる。

3.14を計算しなくても，直角三角形の $24\,\mathrm{cm}^2$ だけが残る。

(4) 3.14の計算をしないで，そのまま式で出せるよ

（直角三角形）＋（半径4cmの半円）＋（半径3cmの半円）－（半径5cmの半円）
＝三日月2つ分

$6 \times 8 \div 2 + 4 \times 4 \times 3.14 \div 2 + 3 \times 3 \times 3.14 \div 2 - 5 \times 5 \times 3.14 \div 2 = 24$

$4 \times 4 + 3 \times 3 = 5 \times 5$ だから波線のところが 0 になる。

　子どもからは，3.14 の計算をまとめてすると，計算ミスが少なくなるよさがあることが付け加えられた。また，波線のところが 0 になるということは，$(4 \times 4 \times 3.14 \div 2 + 3 \times 3 \times 3.14 \div 2)$ と $(5 \times 5 \times 3.14 \div 2)$ の面積が等しいということ。すなわち半径4cmの半円と半径3cmの半円を合わせた面積は，大きな半径5cmの半円の面積と等しいということである。

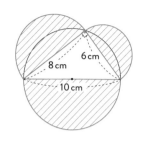

7

6.　見い出した図の面積の関係を図の式で表してまとめとする

①三日月2つ分と直角三角形が等しい

三日月2つ分　　　　　　　　　　直角三角形

②半径5cmの半円から直角三角形を取ると「何とも言えない形」になる

半径5cmの半円　　　　直角三角形　　　　「何とも言えない形」

③半径4cmの半円と半径3cmの半円から「何とも言えない形」を取ると三日月2つ分になる。

半径4cmと半径3cmの半円　　「何とも言えない形」　　三日月2つ分

④半径4cmの半円と半径3cmの半円と半径5cmの半円が等しい。

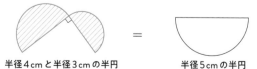

半径4cmと半径3cmの半円　　　　半径5cmの半円

角柱と円柱の体積

青森県東成瀬村立東成瀬小学校　倉田一広

■ 本時のねらい

　直方体などを組み合わせた図形の体積も，角柱や円柱と同じように見ることで，「底面積×高さ」の公式を使った求め方を考えることができる。

■ 本時の問題

> 次の立体の体積を求めよう。

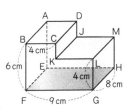

■ どのような見方・考え方を引き出すか

・複合図形の体積も，どの面を底面に見るかによって，角柱や円柱と同じように，「底面積×高さ」の公式を使って体積が求められること。

■ どのように見方・考え方を引き出すか

　上の図を提示し，問題を設定する。この問題は，5年生でも求めているので，その学習内容が定着しているかどうかを確かめることもできる。その求め方としては，「2つの直方体に分けて，それぞれの直方体の体積を求めてから足す」「欠けている部分に直方体を足して，大きな直方体を作り，大きな直方体の体積から，足した直方体の体積を引く」などが考えられる。これらの求め方を取り上げてから，「他の求め方はないか」と問いかける。そのことで，前時に学習した「底面積×高さ」の公式を使った求め方を引き出したい。その際のポイントは，「どの面を底面に見るか」になる。そこで，問題と同じ立体模型を準備する。図と同じようにL字の面が側面になるように置いた状態から，L字の面が底面になるように置くことを実際に操作させたい。そこから，L字の面を底面と見て，その底面積を求めることができれば，角柱や円柱と同じように，

「底面積×高さ」の公式で体積が求められることを引き出したい。

■ 本時の流れ

1. どのように求めたらよいのか

　図のように，L字型の面が側面になるように提示し，「次の立体の体積を求めよう」と問題を提示した。

　まず，求められそうかどうかを確かめることにした。ここで，子どもたちに解決の見通しの意思表示をさせた。見通しがもてない子に対しては，「困っている人にヒントを出してくれないかな」と問いかけた。

　すると，4年生の面積の学習のときに，クラスの中で共通認識していた「分け算法」「まぼろし法」「合体法」などの言葉を出して，ヒントを出してくれた。求め方（求める方法）に，名前を付けると説明しやすく，伝わりやすいよさがある。名前は，その求め方をぴったりと表して，しかも，覚えやすいものとして決めたが，決める際も，考えがいろいろ出て大いに盛り上がった。

○分け算法～2つの直方体に分けて，それぞれの直方体の体積を求めてから足す。

○まぼろし法～欠けている部分に直方体を足して，大きな直方体を作り，大きな直方体の体積から，足した直方体の体積を引く。

○合体法～2つの直方体に分けた後，その2つを組み合わせて1つの直方体を作り体積を求める。

　そして，求め方の見通しが立ったので，自力思考の時間を取った。

2.「求め方を確かめよう」

　自力思考の後，求め方を発表し合った。

Aさん「分け算法で求めました。このように，縦に切って2つに分けて，それぞれの直方体の体積を求めて，足しました」

ア　8×4×6＝192，8×5×4＝160，192＋160＝352　　　　　　　352 cm³

B君「僕も，分け算法で求めましたが，僕は，横に切って2つに分けて，それ
　　　ぞれの直方体の体積を求めて，足しました」

　　イ　8×4×2＝64，8×9×4＝288，64＋288＝352　　　　　　　352 cm³

　そしてこの次の解法からは，式を板書させ，その子がどんな方法で求めた
か，他の子に発表させた。

　　ウ　8×9×6＝432，8×5×2＝80，432−80＝352　　　　　　　352 cm³

C君「ここに，直方体を足して，まぼろし法で求めたと思います」

　　エ　9＋2＝11　　　8×11×4＝352　　　　　352 cm³

Dさん「合体法で求めたと思います。横に切って，2つに分けて，上の部分
　　　を下にくっつけて，体積を求めたと思います」

3.「他の求め方で求められないかな」

　ここまでの求め方は，5年生までの既習の求め方である。本時は，前時に
学習した「底面積×高さ」の公式を使った求め方を引き出したいと考えた。
「他の求め方で求めた人いる？」と子どもに問いかけた。しかし，手は挙が
らない。そこで，「他の求め方で求められないかな」と再び子どもに問いかけ
た。子どもたちは沈黙していたので，ちょっと間を取って，再度以下のよう
に問いかけた。

　他の求め方で求められないかなあ。

　できなくはないかも。昨日の求め方？　でも……？

　ようやく，子どもたちから「できる」の声。でも，困っている子が多数い
たようであった。
　そこで，「昨日の求め方って，どういうこと？」と問いかけた。

Eさんは，「底面積×高さで体積を求める求め方」と答えた。さらに，「でも，このままだと無理だと思う」と答えた。

このままだとできないって，どういうこと？

底面積×高さが使えない。やっぱり無理かな。

いや，変えればできます。
底面を変えればできると思います。

F君が，底面を変えれば，できるって言っているけど，どういうことだかわかる？

「ちょっと近くの人と話をしてみて」ペアで確かめ合った後，1人の子に，最初に提示した図を使って，説明してもらった。

Gさん「上から見るのではなくて，ここ（L字の面）から見ると，ここが底面で，そうすると，底面積×高さで，求められると思います」

「納得」の声も上がったが，まだ，納得していない子がいた。

「底面積×高さ」の公式を使った求め方を引き出す際のポイントは，「どの面を底面に見るか」である。そこが，はっきりしていないと，「底面積×高さ」の公式を使って求めるところまでたどり着かない。

そこで，念頭操作では納得できない子を想定して，問題と同じ立体模型を準備していた。立体模型を，図と同じようにL字の面が側面になるように置いた。（写真1）

これ（立体模型）を使って，説明してくれないかな。

この面（L字の面）が，底になるように
置けば，底面になります。

Hさんが，前に出てきて，L字の面が底面にな
るように置き換えた。

写真1

　そして，「こうすれば，このLの面を底面として，
ここを高さと見て，底面積×高さで体積が求めら
れると思います」（写真2）

「納得」の声がたくさん上がった。しかし，ここ
で気を付けたことは，全員が納得したかどうかで
ある。多数の声・積極的な反応で授業を進めると，
苦手な子が納得していないまま進んでしまうこと
があるからである。

写真2

「『納得』の人」と聞き，挙手させた。そして，「まだ『困っている』人」と
聞き，挙手させた。このとき，意思表示をしっかりとさせることが大切であ
る。つまり，必ずどちらかに挙手させることである。

　まだ困っている人がいたので，別の子に，もう一度説明してもらった。

Ｉさん「こうすると，このLの面が底面になって，ここが高さになるので，角
　　　柱のように見ることができます。だから，底面積×高さで体積が求
　　　められると思います」

　説明を繰り返すことで，説明の内容が詳しくなったり，その考え方が確か
なものになったりする。何よりも全員が納得することを大切にした。

4.「底面積×高さで体積を求めよう」

「それでは，底面積×高さで求められるかな」と問いかけた。

「高さは，8cmなので，底面積を求めればできます」とＪ君は答えた。

　そして，子どもたちに，底面積を「分け算法」「まぼろし法」「合体法」で
求めさせた。

　　あ　$6×4+4×5=44$　「分け算法」，　　い　$2×4+4×9=44$　「分け算法」

　　う　$6×9-2×5=44$　「まぼろし法」，　え　$4×(2+9)=44$　「合体法」

そして，角柱の公式を使って体積を求めた。

  お 44×8＝352   352 cm³

 既に，5年生で求め方を学習し，体積を求めていたので，答えが同じになることがわかった。この求め方で複合図形の体積を，角柱と同じように求められることを確かめ，本時のまとめにつなげた。

5. 「まとめをしよう」

 本時の課題「どのように求めたらよいのか」に対する答えが「まとめ」となる。既習の求め方は省略し，新しい求め方についてのみまとめさせた。さらに，本時では教師が一方的にまとめるのではなく，子どもたちとやりとりしながら，子どもの声を生かし，次のようにまとめた。

> 立体の置き方を変えると，角柱と同じように，底面積×高さで，体積を求めることができる。このとき，どの面を底面と見るかが大切になる。

 その後，左の立体を提示し，どこを底面と見るかを確かめた。
 そして，子どもたちに授業の「振り返り」をさせた。本時での「振り返り」は，体積を求める上で，見方・考え方にあたるところを中心に振り返らせた。
 今回書かせた内容は，以下の通りである。

写真3

写真4

「はじめは，底面積×高さで求められると思わなかったけど，Hさんの置き方の説明を聞いて，求め方がわかりました」「底面をどこにするかが，わかれば，角柱と同じように体積が求められると思った。なので，今度も底面をしっかりと決めて体積を求めたい」などであった。

◈ 参考・引用文献　・藤井斉亮ほか(2015).『新編　新しい算数6』.東京書籍.

9 およその形と大きさ

大分県別府市立南小学校　重松優子

■ 本 時 の ね ら い

　身の回りにある形について，その概形を捉え，およその面積などを求めることができる。

■ 本 時 の 問 題

　3種類の形のパンケーキがあります。一番大きいパンケーキはどれでしょう。

■ どのような見方・考え方を引き出すか

①基本的な形ではない図形を，これまでに求積してきた三角形や四角形のように測定しやすい形と捉えること。

②不確定な形でも，既習の図形や，分割・複合した形という見方をすることで，筋道を立てて面積（概測）を行うこと。

■ どのように見方・考え方を引き出すか

　①については，まず円・長方形・不確定な形の3種類のパンケーキを提示する。ただ単に求積できない図形をぱっと出して，求めさせるだけでは必然性やいろんな見方が生まれにくいが，比較対象を持たせることで，不確定な形を，既習の何かの形として見てみようとする見方を引き出させる。

　②については，「不確定な形」に仕込みを行う。不確定な形を4つに分け，うまく組み合わせると長方形になり，大体の形（概形）として見た時と答えが同じになるようにする。わからない形を基本的な図形として見ようとすると，どうしても空白や余った部分が出てくるので，子どもたちは正しく測定できていないと感じてくる。その違和感に対して，図形を組み合わせて求めた面積と，概形での面積とそう差がないことを実感させる。そうすることで，

大きく，面積を求められそうにない形でも，およその見当をつけ，筋道を立てて概測することができるという発展につなげられると考える。

■ 本時の流れ

1. 3種類の図形を提示し，どの図形が 一番広いか予想を立てさせる

　家庭科の朝食作りの学習でパンケーキを作ることが決まっていた。そこで，先生がお手本にパンケーキを3種作ってみたことを伝え，せっかくなら一番大きいパンケーキを食べよう，という話から始めた。

　そして，折り紙で形を模した3種のパンケーキを出し，「どれが一番大きいパンケーキなのかな」と子どもたちに尋ねた。すると，「えーっ，わからない！」「実は一緒かな？」「先生，大きさがわからないと比べられない！」「面積教えて！」と声が飛び交った。①は長方形，②はわからない形，③は円である。

　厚さが同じであることを伝えた上で，「じゃあ，ぱっと見た時，どれが一番大きいと思う？」と尋ねた。すると，①の長方形が2人，②のわからない形が7人，③の円が11人という結果になった。

　ばらばらだったので，「何がわかれば，大きさがわかる？」と問うと，「それ，手元に欲しい！　重ねて比べたい」と言う子に対し，「いや，長ささえ教えてもらえれば絶対わかる」という意見が出た。すると，「なんで？　長さがわかっても，あのへにょへにょな形は絶対無理じゃん」とすかさず反論が出た。

2. 不確定な形の面積の求め方について検討する

　ここで，不確定な形についてきちんと「なぜ求積できないのか」を子ども
たちの言葉できちんとはっきりさせ，他の見方につなげるために「へにょへ
にょな形」の難しさについて話し合わせた。

「へにょへにょな形はどうして無理なの？」

「だってさ，へこんでいるじゃない！」「いや，ここは飛び出ているよ！」既
習の基本的な図形に関しては求積できるが，へこんだり飛び出ていたりする，
不確定な形については求積できないということを全員で共有した。

　ここで，長方形と円のみの長さを提示した。長方形は，縦21 cm，横16 cm
で円は，半径10 cmである。子どもたちは早速，面積を出し始めた。

「えーっ，ここでわかった！」「早速違った！」「長方形の方が大きかった！」

　計算してみると，長方形は縦×横なので，21×16＝336　336 cm^{2}になる。
円の方は，半径×半径×3.14なので，10×10×3.14＝314　314 cm^{2}になる。
この時点で，長方形の方が大きいことがわかる。

　すると，子どもたちの知りたいと思う対象が"へにょへにょな形"へ向かう
ことになる。「あの形，手元に欲しい！」「ちょっとやってみたいことがある！」

　そこで，紙にへにょへにょな形をかいたものと，OHPの透明シートに形を
写してかいたものを子どもたちに渡した。

　すると，子どもから「先生，こんなにへにょへにょだから，正しくは出せ
ないかもしれないけど，近づけることはできそう！」という言葉が出た。

「長方形も円も正確な数値が求められたのに，どうして正確な数値が出ない
の？　近づけるってどういうこと？」と子どもに問いかけた。

　すると，Aさんが「こんなにへにょへにょな形は，必ず誤差が出るよ。だ
って，埋められない部分もあると思う。だから，たくさん長方形を切って，そ
れを少しずつ求めて足していったら本当の面積に近づくんじゃないかな」
と，面積の求め方について子どもたちは考えていた。どの子たちも，変な形
だからこそ，正しく求められない。しかし，面積を求めるときに誤差は出る

が，「ほぼ正確なものに近い数値が出せる」と話していた。ここが大事になってくる。多少の誤差があっても，ほぼ正確なものに近い数値を出すことができれば，**長方形とへにょへにょのどちらの面積が大きいか**わかると判断したのである。

 どうやって面積を"本当"に近づける？

 図形を切っていって，小さな長方形や三角形を足していくといいよ！

 正しく測るために，透明シートを使って，算数のノートに貼って，マス目を数えてみるのは？

 出ている部分を切って，パズルみたいにはめこんで長方形としてみると細かくなくても大体がわかるんじゃ？

 はめこまなくても，長方形っぽいから大体でいいなら早い気がする。

3. 形を変形した子の考えを取り上げ，へにょへにょな 形の面積の解決方法について理解させる

　へにょへにょな形の面積を各自で求めさせた後，交流の時間を取った。子どもたちから，いろんな考えが出た。そして，どんなに誤差が出ても，もとの336cm²の長方形を超える面積にはならないということがわかった。ここでは，「どの考えでも，へにょへにょの形の面積を正確な数値にすることはできなかった。しかし，どの形が一番大きいパンケーキかはわかった」という子どもの結論になった。そして話し合いがまとまりかけた。そのとき，B君が「へにょへにょな形」

の仕掛けに気付いた。

「あーっ!!　これ，正確にわかる!」「え，うそ
?」「どういうこと?」「無理だって話だったじゃん
!」すると，その子はさっそうと前に出て，「これ，
切って重ねると……見て!」と，きれいな長方形に
して見せた。

　子どもたちが黒板に群がり，「本当だ!」「え，先
生，もう1回へにょへにょな形が欲しい!」ともう
一度図形に向き合った。みんながもう一度図形を切
り，くっつけるときれいな長方形になった。長さを
測ると19×17で323 cm^{2}になった。子どもたちは喜
び，「やっぱり①の長方形の形の面積が一番だったん
だ」「すっきりした〜」と口々に言っていた。しかし，
ここで終わってしまってはいけない。子どもたちが
正確な数値がわかった後，既習と結びつけて考えさせる必要がある。

　子どもたちは学習を振り返り，正確な面積を求めたものと，切って長方形に
してマス目を数えて面積を求めたものと，面積がほぼ同じだったとわかった。

 へにょへにょな形の正確な数値がわかったら，どうなった?

今さっき，大体の形（長方形）で見たときと一緒の面積になった。

　およその面積を求めることは，必ずしも面積は正確になるわけではないが，
正確な答えに近づくから，大体で求められることを実感させたかった。「苦労
したけど，大体の長方形で求めてもいいんだ」「でも，どのやり方でも，もと
もと長方形の形をしたものには勝てなかったね」とやりとりをし，子どもた
ちは，納得した。

4. さらに大きい形の面積について考えさせる

その後，子どもたちに教科書の琵琶湖の写真を見せた。「パンケーキのような小さいものじゃないよ。琵琶湖の面積ってどれくらいかな？」と問う。すると，「これ，切ったりできないから，さっきの形のように大体で見ていいんじゃない？」「大体，三角形に見えるよ」「どういうふうに三角形に見えるの？」と問い返し，前で琵琶湖に線を書き入れてもらった。「大体，67×20÷2で670 km² くらいかな……？」そして，用意していた国土地理院の琵琶湖面積を確認すると，「669.26 km²」と記述があった。子どもたちも喜び，「細かく知る必要がないときは，大体でも近い数で求められるんだ」と，子どもたちは再確認した。今までの学習を踏まえて，なぜ大体の形で見ることができるのかを確認し，誤差が出ても本当に近づくことができるから，大体の面積で臆測することができると理解することができた。

およその面積の単元は，子どもたちが既習の考え方をフルに使い，およその見方で面積を求められることから，わからない形でも求められることを体感できる。ただ単に，実感のないものを先に出し，「大体〇〇に見える！」と，必然性もないまま進んでしまうと，せっかくの面白さがなくなってしまう。子どもが既習から，いろいろな見方・考え方が活用できる学習として位置付けたいと考える。

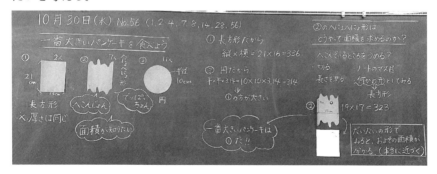

10 比例

新潟県糸魚川市立西海小学校　青木弘明

本時のねらい

　水の量と水の深さの関係をもとに，比例の決まりについて考えることができる。また，比例関係を式やグラフに表すことができることを知る。

本時の問題

> 空の水槽に水を入れました。入れた水の量 x L と，たまった水の深さ y cm
> との関係を表や式・グラフに表し，水の増え方の決まりを見つけよう。

どのような見方・考え方を引き出すか

①伴って変わる2つの数量について，それらの関係を表や式に表して，2つの数量の依存関係に隠された決まりを明らかにすること。

②表や式に対応した比例のグラフを描くことによって，グラフの特徴や数量の関係を読み取ること。

どのように見方・考え方を引き出すか

　①については，実際水槽に水を入れていく様子を映像で提示する。水の量（x L）に対応する，たまった水の深さ（y cm）を表に表したり式を導き出したりして，比例関係になることを，表と式で理解する。その際に，$y \div x$ の商について，気付いたことを自由に発表させて，$y \div x$ の商は，いつも一定になることや，商は1Lあたりの水の深さを表していることに気付かせ，これまで表を横に見て考えてきた関係を，表を縦に見て関係を考えるように見方を変換していく。

　②については，表や式と一緒にグラフを描くことによって，表・式と対応させながらグラフの特徴を理解するだけでなく，1Lより少ない量にも深さ

があったり，２Ｌや３Ｌの間にも深さがあったりして，水の深さ（y cm）は
連続した量になっていることにも気付いていく。

■ **本 時 の 流 れ**

1. 「比例関係を表・式で表そう！」

　本時ではまず，空の水槽にペットボトルで水を
入れている映像を提示した。水の量をx L，たま
った水の深さをy cmとして，映像を見ながら比
例関係を表に表していった。

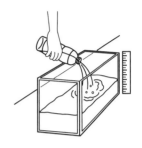

水槽に入れた水の量と深さ

水の量 x（L）	1	2	3	5	8	11	15	17
深さ y（cm）	2	4	6	10	16	22	30	34

　表が完成したところで，「水の深さy cmは，入れた水の量x Lに比例して
いますか」と問うと，「$x＝1$を見たとき，xが２倍，３倍になると，yも２
倍，３倍になっているので比例しています」「xが１から２へ１増えると，y
は２から４へ２増えています」「xが５から８へ３増えると，yは10から16
へ６増えています」「水が１L増えると，深さはどこでも２増えます」という
反応が返ってきて，yはxに比例するということが共有された。

> 〈水の増え方の決まり〉
> 水が１L増えると，水の深さは２cm増える。

　そこで，「xとyの関係を式に表してみよう」と投げかけると，「$2÷1＝2$，
$4÷2＝2$……いくつもできるよ」とA児が言った。「xとyを使うとどんな式
になるかな」と追加の質問をすると，「$y÷x＝2$」や「$y＝2×x$」が子ども
から発表された。

2.「 $y \div x$ の 2 は何を表しているのか？」

　表と式がわかったところで，「 $y \div x = 2$ の 2 は何を表しているのでしょうか？」と問うた。

		1 増えた			3 増えた			
水の量 x（L）	1	2	3	5	8	11	15	17
深さ y（cm）	2	4	6	10	16	22	30	34

2 増えた　　　　　　　　　　6 増えた　 $6 \div 3 = 2$

　　$y \div x = 2$ の 2 は何を表していますか。

　　水を 1 L 入れたときの水の深さだから， 2×1 です。

　　水が 1 L 増えたとき，水の深さが 2 cm 増えることです。

　　水の深さを入れた水の量で割っているので，水を 1 L
　　入れたときの水の深さを表しています（ $6 \div 3 = 2$ ）。

　B児の発言から「決まった数」の 2 は， $x = 1$ のときの y の値と等しくなることが確認され，C児やD児の発言から， x が 1 増えたときの y の増える大きさ（変化率）を表していることが確認された。

　このように，比例の場合，「決まった数」は x が増えるときの y の増え方を表していると同時に，単位量あたりの大きさを表しているという両面を見ることができた。

3. 「水の量と深さの関係をグラフに表そう！」

　そこで，水槽に入れた水の量 x L と深さ y cm の関係をグラフに描く時間を設けた。

水の量 x（L）	1	2	3	5
深さ y（cm）	2	4	6	10

　「グラフの縦軸，横軸は何を表していますか？」「表の x の値と y の値の組を表す点を取りましょう」などと，質問や指示を出しながら，右の図のようにグラフを完成させていった。

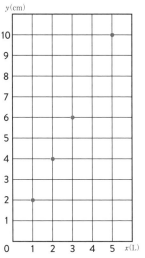

水そうに入れた水の量と深さ

　次に「記入した点はどのように並んでいますか」と問うた。子どもからは，「だんだん右斜め上にいっている」「右に1マス，上に2マスずつ上がっていく」「線で結ぶと直線になりそう」「点と点は線で結んでいいのかな」などの答えが出された。

　そこで，もう一度，空の水槽にペットボトルで水を入れている映像を提示した。

　x の値が 0（つまり水が全く入っていない状態）もあったり，1 L の前の 0.5 L のときには y の値は 1 cm になったりしていることなどを確認した。

4.「比例のグラフを，もっと知ろう！」

画像を見ることによって，水の量が１Ｌより少ないときや２Ｌや３Ｌの間の水の量でも水の深さがあり，水の深さは刻々と変化していくことが理解された。

そこで，$y = 2 \times x$ の式に当てはめて下の表を完成させていった。

$x = 0.2$ のとき $y = 2 \times 0.2 = 0.4$

$x = 2.4$ のとき $y = 2 \times 2.4 = 4.8$

$x = 3.9$ のとき $y = 2 \times 3.9 = 7.8$

「では，これらの x の値と y の値を表す点を取ってみよう」と投げかけグラフを表していった。

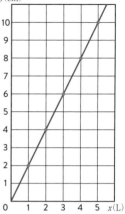

水そうに入れた水の量と深さ

水の量 x（L）	0.1	0.2	0.5	1	2.4	3.9	4.5
深さ y（cm）	0.2		1	2			9

完成したグラフを見た子どもから，次のような反応があった。

比例のグラフを見て，気付いたことはありますか。

$x = 0$ のときは水が入っていないのだから，y も０だよね。

1つの直線上に並んでいます。

表には書けないけど，点と点の間に限りなく点があるよ。

表や式，そして映像を見るなどしてグラフに表す活動を行った子どもは，「比例の関係をグラフに表すと，縦の軸と横の軸が交わる0の点を通る直線になること」を体験的に理解していった。

　本時の問題である水の深さの変化は，入れる水の量に伴って連続して増え続けていく。ただし実際には，水槽には高さがあり，y（深さ）には限りがある。途切れなくきれいに連続する比例のグラフでありながら，「水槽がいっぱいになるまで」という変域の制限があることは，中学校数学への接続も意識していくことにつながっていく。この辺りにも触れたい。

　さらに時間の余裕があれば，比例の関係を用いた問題解決の一例を日常生活にも生かし，効率よく問題解決ができる場面を実感させたい。

　例えば，校舎の階段の一段の高さをもとにして，校舎（屋上まで）の高さを予想する活動などが考えられる。

　階段一段分の高さが，階段の数に比例すると仮定し，校舎のおよその高さを予想する。別に用意しておいた学校の図面に記されていた高さが，予想した数値と似た値となったことに，子どもは驚いていた。

　実際に調べていくと，1・2階の階段一段の高さと，3階から屋上までの階段の高さが微妙に違っていることも，実測によって明らかとなった。

反比例

青森県八戸市立柏崎小学校　阿保祐一

■ 本時のねらい

　面積が一定のときの長方形の縦と横の長さの関係を考察する活動を通して，反比例の定義と性質を理解する。

■ 本時の問題

　面積が12 cm²の長方形があります。縦の長さは x cm，横の長さは y cm です。x と y には，どんな数が考えられますか。

■ どのような見方・考え方を引き出すか

・2つの数量関係に着目し，x と y を整数値以外にも拡張して考えること。

・表の数値を横や縦に見て，変化や対応の特徴を見いだすこと。また，反比例と比例との共通点や相違点を明確にしながら数量の関係を式や言葉で表現すること。

■ どのように見方・考え方を引き出すか

　①については，方眼黒板上で面積が12 cm²の長方形を考えさせることで，小数値の長方形を出現しにくくする。x と y が整数値の組み合わせをすべて整理し，「これで面積が12 cm²になる長方形は全部だよね」と問うことで，「x や y が小数だったら他にもある」という考え方に広げていく。

　②については，みんなで見つけた整数値と小数値の x と y の数量について表に整理していく。そして，「比例のときのように決まりは見えるか」を探っていく。この場面では，表を横に見て考えているのか，縦に見て考えているのかを明確にする。また，子どもから発せられる倍関係を表す言葉を徐々に洗練させていきながら変化や対応の特徴を捉えさせていくことで反比例の定

義と性質を理解させる。

■ 本時の流れ

1. 縦（x cm）と横（y cm）の長さを考える

① x，y の値が整数になる組み合わせを整理する

　作文用の方眼黒板（7 cm方眼）を使用して，面積が 12 cm² になる長方形について子どもを指名しながらかかせていく。方眼黒板にかかせるという手立てを取ることで，縦の x cm や横の y cm をいきなり小数値では考えないような状況をつくる。長方形をかき出していくと，「縦と横の数が反対のものもある」という子どもの反応が出てくる。「反対ってどういうこと？」と尋ねると，図形を手で回転させる動作をするので，方眼黒板を回転させることでその考えを共有していく。ここでは，x と y が整数値になる全ての 12 cm² の長方形について，$(x, y) = (\Box, \bigcirc)$ というような座標形式で黒板上に記録する。後ほど，表に順序よく整理するという必要感を生むために，x と y のペアを表す座標を発表された順にランダムに書いていくことにとどめる。

② x，y の値を小数値に拡張する

　子どもたちに，「面積が 12 cm² になる長方形はこれで全部だよね」と問うことで，「小数にするとまだできる」という拡張の考え方を引き出す。x と y が整数値の場合について整理した時点で，子どもたちは，「x と y をかけると，決まった数の12になる」数量の関係に着目している。そこで，「例えば，x，y がどんな小数だったらできるの？」と具体的な数値を聞いていく。

子どもが発言したxやyが小数値となっている例

$(x, y) = (1.2, 10)$ $(x, y) = (10, 1.2)$

$(x, y) = (2.4, 5)$ $(x, y) = (5, 2.4)$

$(x, y) = (0.2, 60)$ $(x, y) = (60, 0.2)$

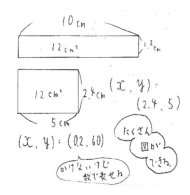

面積が $12\ \mathrm{cm}^2$ になる $x\ \mathrm{cm}$ と $y\ \mathrm{cm}$ の組み合わせを小数値で考えていくと，答えが無数に広がることを子どもたちは面白がる。例えば，$(x, y) = (0.2, 60)$ といった数値は，方眼黒板やノートには図としてかくことができない状況になるため，子どもたちが数にいっそう働きかけていく状況にすることができる。

2. 表に整理する

① x，yの数値を順序よく表に書き込む（数値を書き加える活動も）

比例の学習では，「x，yの値を表に整理して，決まりの有無を探る」という活動を継続して行ってきた。そのことを想起させ，xの値が小さい順に表に書き込んでいく。表に整理していく段階で，新たにx，yの数値を思い付く子どももいる。そうした子どもの考えを拾い上げながら，表を横に広げていく活動をしていく。

この場面では，子どもから，$(x, y) = (7, \frac{12}{7})$ といった x や y が分数値になる考えはなかなか出てこないものである。もしも，分数値に関するような発言が出た場合は扱うが，教師からは分数値を提示しないことにする。本時のねらい（反比例

の事象の特徴を捉えることや，反比例の定義を理解すること）の達成は，子どもから自然に出てきた整数値と小数値だけであっても可能である。（ただし，方眼黒板の裏に分数値のモデル図は貼り付けて準備しておく）

②表から決まりを見つける

表を眺めて気付いたことを子どもに発表させていく。

縦の長さ x (cm)	0.2	0.5	1	1.2	2	2.4	3	4	5	6	10	12	24	60
横の長さ y (cm)	60	24	12	10	6	5	4	3	2.4	2	1.2	1	0.5	0.2

縦の長さが増えると，横の長さは減っている。

子どもA

縦と横の長さは，0cmになることは絶対にない。

子どもB

x と y をかけると，いつでも決まった数の12になっている。

子どもC

x が2倍になると……。

子どもD

これら4つの発言は，表に整理した段階で子どもから引き出したい反比例に関する言葉である。変化や対応の特徴をさまざまな言葉で言い換えたり，数や式で表現させたりしながら，反比例についての理解を深めていく。

【子どもAの発言に対して】

表を横に見て考えていることを確認する。また，本時の x と y の2量の関係は，単元導入時に扱った「ろうそくが燃えるときの時間と残りの長さの関係」のように，「一方が増えるともう一方が減る関係」であることを確認する。

【子どもBの発言に対して】

　xとyの数量を表に整理していく段階で、「比例のときは表に0があったから、やっぱり0を書いた方がいいのではないか？」と比例の表と関連付ける場面を意図的に設定する。子どもたちから、「縦や横が0だと面積が12にならないから0は書かなくてもいい」という趣旨の発言を引き出したい。なお、この発言は板書やノートに残しておき、反比例のグラフをかく際に、「$(x, y)＝(0, 0)$を通る比例のグラフ」と「限りなく0には近づくけど絶対に0を通らない反比例のグラフ」という比較場面へとつなげていく。

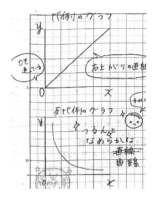

【子どもCの発言に対して】

　表を縦に見ると、xとyのどの組み合わせもかけ算で決まった数の12になることを確認する。また、比例との共通点として、「決まった数があるということ」、「決まった数は、xが1のときのyの値である」ことも整理しておく。

【子どもDの発言に対して】

　この発言は、反比例の定義に迫る言葉である。「2倍になると」という言葉が出てきたら発言をストップさせて、続きはどんなことを言うのかをみんなで考える展開にする。焦点化して話を進めていくために、説明に必要な部分だけを見えるようにするマスキングの工夫をして、数量の関係を表す言葉や式を子どもから引き出していく。

Dさんは，x が2倍になると y がどうなると言いたいのかな？

y は半分になる。

子ども E

y も2倍になる。

子ども F

【子どもEと子どもFの発言に対して】

　子どもEの発言を受けて，子どもたちに「x が2倍になると，y が半分になっているか」を問う。同意を得た上で，反比例の定義につなげるため，「半分」を「$\frac{1}{2}$」に言い換えていく。また，他の数量についてもマスキングしながら子どもに表の一部を取り出させて，伴って変わる2つの数量の関係がどうなっているのかを矢印や言葉を使って表現させる。例えば，$(x, y) = (1, 12)$ と $(x, y) = (3, 4)$ の関係は，x が3倍になると，y は $\frac{1}{3}$ になっているというように確認しながら反比例の特徴を捉えさせていく。

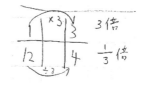

　なお，ここでは，子どもFの発言を生かして，矢印を右向きに見たり，左向きに見たりする経験を積ませることが数量の関係の理解に有効である。さらに，もしも比例だったらどうなるかを扱うことで，比例と反比例の相違点を捉えさせることができる。

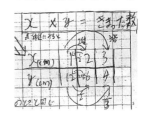

　比例と同じように決まりがあるけれど比例ではない事象に，どんな名前を付けるとよいか，どうしてその名前を付けたいのかを話題にしてから，用語「反比例」やその定義を教えていくと，子どもたちは面白がりながら理解を深めていくことができる。

組み合わせ

成蹊小学校　尾崎伸宏

■　本 時 の ね ら い

　2 cm^{2}の四角形がいくつできるかを，既習の図形と関連付けながら，整理して見つけたり，条件をもとに，計算で求めたりすることができる。

■　本 時 の 問 題

> 1辺の長さが1cmの正方形を並べた長方形があります。そこには，10個の点が打ってあります。4つの点を結んで面積が2 cm^{2}の四角形は何通りできますか。

■　ど の よ う な 見 方・考 え 方 を 引 き 出 す か

・落ちや重なりがないように，既習の図形をイメージしながら，2 cm^{2}の四角形がいくつできるかを見つけることができる。

・既習から，2 cm^{2}の四角形を，計算で求められないか考えることができる。

■　ど の よ う に 見 方・考 え 方 を 引 き 出 す か

　子どもは，試行錯誤しながら，4つの点を結んでできる四角形が何通りできるかを考えていく。しかし，解決の道筋はすんなりとはいかない。

　まずは，4つの点を結ぶとどんな形ができるかがわからなければならない。

　形の予測がついた後も，それぞれの形が何通りあるかを整理しなければならない。どのように整理していくか，整理の仕方もポイントである。

　そして「これで，全部かな」と問うことで，もうこれで全部なのか，落ちや重なりはないかと，子どもはさらに試行錯誤するだろう。また，子どもたちは，計算で「何通り」を解決した経験がある。そこで，今回も，計算で解

決できるのではないかという発想を子どもから引き出したいと考えた。

■ 本時の流れ

1. 友達に伝える活動から，ドットを記号化する必要感を引き出す

1辺の長さが1cmの正方形を並べた長方形があります。10個の点のうち4つの点を結んで四角形をつくります。

このような四角形で面積が2cm²のものは，何個ありますか。

子どもたちに，「面積が2cm²の四角形は何個できる？」といきなり聞いた。「すぐにはわからないよ」「え？」と困ってしまった。そこで，「では四角形と言うけれど，どんな四角形ができそう？」と問いを変えた。「う〜ん」と子どもたちは，ドットを見ながら，2cm²のもので，どんな形ができるかを必死で考えていた。さらに，「どんな四角形ができるかわかった？」と子どもたちに問いかけた。子どもたちはまず，「長方形ができる」と考えた子が多かった。すると，「平行四辺形もできるよ」「台形もできそう」と続いて答えた。そして，「なぜそれらの四角形ができそうなの」と根拠を問うた。

すると子どもから，「あの点とこの点とこの点とあの点をつなぐと長方形ができる」と答えた。聞いていた子どもの中には，「ごちゃごちゃしてわからない」「黒板の前で指を指しながら言われても，よくわからない」という反応が返ってきた。しかし中には，「記号を付けたらいいよ」と反応する子がいた。「どういうこと？」と追求すると，「A，B，Cでも，1，2，3でも……」記号をつければ，考えやすいとの説明であった。既習から子どもが必要感に応じて出したアイディアであった。

2. 結んでできた四角形は，どんな形ができるか予想させる

友達との対話から，「記号化する」ことになった。

次に子どもが考えることは，「結んでできる四角形は，どんな形ができる

か」ということであった。

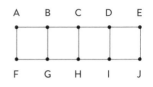

　子どもたちは，すぐに「長方形ができるよ」
と反応した。すると，「他の形もできるよ」とす
ぐに反応する子が出てきた。

「平行四辺形もできるよ」「僕は，台形もできると思うな」と反応する子が出
てきた。また，「結んでできる長方形も1通りではない」「AFHCができる」
「BGIDができる」とつぶやきながら，子どもたちは考えていた。つまり，
それぞれの形が何通りできるかを考えれば，最終的に全部で何通りあるかが
わかると，子どもたちは見通しをもてた。

　そんな中，「**だぶりはあり?**」と質問する子がいた。その子の質問は，「だ
ぶりを入れると全部で何通りあるかが変わる」というものだった。考える過
程で子どもから生まれた疑問だった。

　つまり，AFHCとACHFは同じ長方形。これらを入れると，それぞれ
の頂点から数えるから，4通りできることになる。そこで子どもと話し合い，
「だぶりなし」で考えることにした。そし
て，見つけ方が明確になった子どもたち
は，ノートに記号を書き出した。そして，
すぐに長方形が「3通りできた」と見つ
けていた。

> **長方形……AFHC, BGID, CHJE**

3. 整理する中で，「点に着目する」新たな見方を引き出す

　次に，平行四辺形は何通りあるかについて考えた。見つけ方は記号を使っ
てそのまま整理していく子と図形をかいて見つけていく子が出てきた。記号
を書いている子も次第に「イメージしづらい」「確かめにくい」と図でかき始
めた子がいた。そこで，指名した子が黒板に出て，図を結んで平行四辺形を

かいた。点をゆっくりとつながせた。すると，つないでいる様子を見て，「あっ」と気付いた子がいた。その気付きは，「**2点を選ぶには，長方形も，平行四辺形もどちらも上の列に3点，下の列も3点を結んで作っている**」というものだった。「点に着目する」新たな見方に気付いた瞬間だった。そして，この図形をかいて見つけていく方法も，子どもたちにとって，2 cm²が何通りできるかの新たな方法の1つになった。そして平行四辺形をかき出していけば何通りあるか見つけられそうだという見通しがもてた。

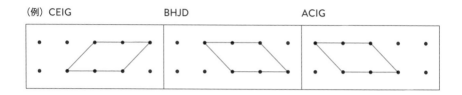

（例）CEIG　　　　　BHJD　　　　　ACIG

 どんな方法で，何通りあるかを見つけていきますか。

記号を書いて，見つけていけばよいかな。

長方形，平行四辺形，台形と形によって，分けていけばわかるかな。

 描き出すのは，大変だ！　前の学習のように，計算でできないかな。

4. 平行四辺形，台形は何通りあるか考える

　平行四辺形になる点のつなぎ方は何通りあるかを見つけるには，どちらかの方法で，解決するか，子どもたちは考えていた。記号で見つけていく子，図形をかいて見つけていく子と両方いたが，記号で見つけていく子の方が多かった。地道に書き出すことで，だぶりはないかを見つけていく子どもたち。ま

た，平行四辺形の形から，何通りあるかを考える子どもたち。どちらの方法でも，**2 cm² になる平行四辺形は6通り**あることがわかった。

　次に，台形は何通りあるかについて，考えることになった。点のつなぎ方についても意識しながら，分類整理していこうという子どもたち。台形をつくるには，上の段が2点，下の段が4点を結んでできる場合と，逆に上の段が4点，下の段が2点を結んでできる場合がある。

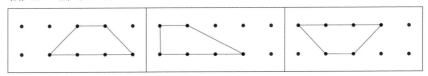

（例）上が2点，下が4点　　　　　　　　　　　　　上が4点，下が2点

　やはり，先ほどと同じように記号を書いて見つけている子と，図形をかいて見つけていく子がいた。いずれの方法でも，「時間がかかる」「大変だ！」という子どものつぶやきが聞こえてきた。

　「計算でできたら，楽なのに」「1つずつ見つけていくのが面倒だ」というつぶやきがたくさん聞こえてきた。

5. 子どもの「面倒だ！」の声から，対話を通じて　計算による解決方法を引き出す

「1つずつ見つけていくのが面倒！」というつぶやきから，計算ではできないかを探ることにした。そこで，「計算ではできないよね」と子どもたちに問いかけると，「今までも計算でできたのだから，できるかもしれない」「もし計算でできたら，何通りあるかが早く見つけられる」という子どもの反応だった。

　長方形，平行四辺形の場合は，上が3点，下が3点の場合しかない。「あっ，だったら……」と気付いた子が何人か出てきた。

　Bさんを指名すると，3×3で9通りだ。「何故，3×3で9通りなの？」と

子どもに問い，考えの根拠を問うことにした。するとBさんは，「**2点を選ぶ**
には，AC，BD，CEの3つある，下も同じように，FH，GI，HJの3つあ
るから，かけ算をして9通りになるの」と答えた。つまり，**5点から3点を**
選ぶ選び方は9通りになるのである。

　次に，台形の場合を計算で求めることになった。すると，多くの子がすぐ
にできていた。そこで，C君を指名し，考えを聞いた。

〈C君の考え〉

> 　長方形，平行四辺形の時の考えと同じで，2点を選ぶとすると，AB，
> BC，CD，DEになり，そのときにそれぞれ2通りずつできるから，4×2。
> それが，反対にもあるから，2倍で，4×2×2で16。16通りできる。

　それを聞いて，「なるほど」「わかった！」という声がたくさん聞こえてき
た。そして，先ほどの長方形，平行四辺形の9通りと合わせて，25通りにな
ることがわかった。また，記号を書いて1つずつ丁寧に見つけていた子や点
をつないで図形をかいた子とも一致し，25通りになった。

　本時では，図形と関連付けた場合の数の問題を取り上げた。4つの点を結
んで，ドットの中にどんな形ができるか，できた形はそれぞれ何通りかを考
えるものであったが，子どもたちは問題解決の過程で図形に対する見方や分
類整理する見方，新たな方法の発見など，見方・考え方が育ったと考えられ
る。特に，分類・整理する時，落ちや重なりがないように気を付け，かきだ
していけばよいが，「面倒だから，既習の計算でできないか」という発想を引
き出したいと考えた。そして，想定通り引き出せた。困る場面で，よりよい
方法はないかと見つけ出す発想こそ，見方・考え方が育つことにつながった
と言える。

🌢 参考・引用文献
・賛数仙人(2010).『場合の数・教え方トレーニング』，エール出版社.

13

データの調べ方

東京都荒川区立第一日暮里小学校　石川大輔

■ 本時のねらい

・データの特徴や傾向に着目し，散らばりの様子や代表値などをもとに問題に対する結論を考え，判断することができる。
・データ収集や整理，分析の方法の妥当性について批判的に考える。

■ 本時の問題

　本をよく読んだ学級に賞状を贈ります。
　どちらの学級が本をよく読んだと言えるでしょうか。

■ どのような見方・考え方を引き出すか

①データの散らばりの様子や代表値などに着目して，多様な観点から目的に合ったデータを根拠にして結論を判断すること。
②出された結論に対して，データの収集方法や分析方法を批判的に考察すること。

■ どのように見方・考え方を引き出すか

　前時に整理した表や柱状グラフを用意しておく。まず，全体で交流する前に結論とその根拠を問い，個々のデータの見方のズレを生む。そしてデータの見方を振り返らせ，多様な観点を表に整理する。このことが判断の根拠となる多様なデータの見方を視覚化，共有化させる手立てとなり，それぞれの集団の特徴を見いだすことにつながる。そして，「賞状を贈るのにふさわしい学級とは，どのような集団か」と問い，自分が賞状を贈るのにふさわしいと考えた学級像を決めさせる。その上で「どちらの組がいいか」と**再び問い**，多様なデータの見方からその学級像に正対するデータを根拠にして結論を判断

させる。さらに，出された結論に対して「本当に，この決め方と結論でいいか」と問い，データの収集や分析の方法を批判的に考察できるようにする。

■ 本時の流れ

【前時の学習】

次のような問題場面を提示する。

> ある学校の図書委員会では，各学級の子が読んだページ数をもとに，各学年で一番本をよく読んだと言える学級を表彰することになりました。
> あなたなら，1組と2組，どちらの学級を表彰しますか。

そして，「本をよく読んだと言える学級はどちらか」という課題を解決すべく，データを整理したり柱状グラフに表したりする。その後，個人で分析させ，前時の学習を終える。なお，図1と図2は，実際に授業した際，児童が整理した表と柱状グラフである。

図1 【読んだページが少ない順に並び変えた1組と2組の記録一覧表】

1組の読書ページ数の記録

No.	読んだページ数	No.	読んだページ数
1	195	13	551
2	225	14	594
3	246	15	598
4	311	16	599
5	352	17	648
6	388	18	662
7	486	19	781
8	489	20	790
9	490	21	820
10	491		
11	520		
12	537		

2組の読書ページ数の記録

No.	読んだページ数	No.	読んだページ数
1	0	13	469
2	0	14	487
3	196	15	510
4	285	16	542
5	291	17	587
6	298	18	626
7	363	19	698
8	379	20	877
9	381	21	964
10	442	22	1592
11	449	23	1808
12	452		

図2 【柱状グラフ】

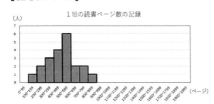

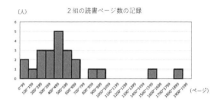

【本時の学習】

1. 「なぜ，その学級を選んだのかな」

　まず，「賞状を贈るのにふさわしいのはどちらの学級ですか」と問う。子どもたちの意見は1組と2組に分かれることが予想される。

　そこで，「なぜ，その学級を選んだのか」とクラスを選んだ根拠を問う。

> なぜ，その学級を選んだのですか?

> 柱状グラフを見ると平均値の近くにデータが集まっているから，みんなが安定して読んでいる1組を選びました。

> いや，平均値を求めると1組が513ページで2組が552ページだから2組を選んだ方がいいよ。

> でも，2組は0冊の人が2人もいるよ。だから，1組の方が，みんな読んでいると言えるんじゃないのかな。

> そんなことを言ったら，読んだページ数が一番多い人は2組にいるんだから，賞状は2組に贈ればいいと思う。

　立場によってデータの見方・考え方は異なり，多様である。故に，1組と2組で，それぞれ選んだ根拠を問うことが，児童のデータの多様な見方・考え方を引き出すことにつながる。

2. 「どんなデータの見方があったか振り返って整理しよう」

　この段階の児童の個々の表現は，「安定して読んでいる」とか「一部の人がたくさん読んでいる」など，曖昧なものや一面的なものが多い。しかし，「代表値」や「散らばりの様子」「階級やその度数」や「割合」，その集団の特徴をデータで分析する上での大切な見方・考え方も見られる。これらのデータの見方・考え方を価値付けた上で，「**どんなデータの見方があったか振り返って整理しましょう**」と問い，観点ごとに数量化したり言葉で説明したりして表にまとめる。

【データの見方ごとに整理した表の例】

データの見方	1組	2組
ページ数の平均値	513ページ	552ページ
一番多いページ数 （最大値）	820ページ	1808ページ
一番少ないページ数 （最小値）	195ページ	0ページ
組の真ん中の値 （中央値）	520ページ	452ページ
一番人数が多い階級	500ページ以上 600ページ未満	400ページ以上 500ページ未満
平均値以上の人数の 割合	約52%	約30%
0ページの人数の 割合	0%	約9%
1000ページ以上 読んだ人数の割合	0%	約9%
散らばりの様子	平均値あたりにデータが集まっている山型	平均値よりも小さな階級にデータが集まっている山型で，800ページ以上でデータが所々散らばっている

　このような表に整理して提示することによって個人では気が付かなかった

多様な観点を共有したり，観点ごとに比較しながら集団の特徴を分析したりすることができるようになる。

3. 賞状を贈るのにふさわしい学級とは，どのような集団か

　児童が多様な観点から目的に合ったデータ分析をして結論を判断できるようにする。そのために，「賞状を贈るのにふさわしい学級とは，どのような集団か」と問い，解決の目的を再確認するとともに，結論の前提をつくらせ，その前提に合ったデータの根拠を明確にもって結論を出せるようにする。

> 賞状を贈るのにふさわしい学級は，個人差はあっても一人一人が本をある程度読んでいる学級だと思います。

> たとえ読んでいない人がいても，たくさん読んだ人が多い学級が賞状を贈るのにふさわしい学級だと思います。

4.「表やドットプロットにあるデータをもとに，どちらの組がいいか考えよう」

　ここで大切にすることは感覚ではなく論理である。つまり，データを根拠にして結論を判断するということである。多様なデータの見方から自分が賞状を贈るのにふさわしいと考えた学級像に正対するデータを根拠にして結論を判断する。

　そこで，自分が賞状を贈るのにふさわしいと考えた学級像を決めさせた上で，「表やドットプロットのデータをもとに，どちらの組がいいか考えよう」と再び問い，表やドットプロットから自分がふさわしいと考える学級像に正対するデータを選ばせ，結論とその理由を考えさせる。

【多様な見方で分析したデータをもとに結論を判断する児童の様子】

> 読まなかった人がいたり，誰か１人がたくさん読んだりするのではなく，学級のみんなが読んだページ数が多いと言える学級がいい。
> データを見てみると，平均値は２組よりも低いけれど，散らばりを見ると1組は平均値あたりにデータが集まっている。
> 中央値は520ページで２組を上回り，平均値以上読んだ人数の割合は約52％となっている。
> それに，一番少ないページでも195ページで，０ページの子が１人もいない。だから，……。

　この段階では、次のような姿を価値付けたい。

・前提（自分が考えるふさわしい学級）に正対したデータの見方をしている。

・複数のデータを組み合わせて，判断の根拠としている。

・データから言えることか言えないことかを区別し，考えをまとめている。

5. 本当に，このデータと決め方でいいか

・「理由として選んだデータで本当にいいか」と結論を批判的に考えている。

・「もっとこんなデータが欲しい」とデータ収集方法の妥当性を考えている。

　このような子どもたちの姿を引き出すために，「本当にこのデータと決め方でいいか」と問う。その後，話し合い，データの収集や分析の方法を批判的に考察する。

6. 自分の学校なら，どうやって決めるか

　授業の最後に，「自分の学校で一番本をよく読んだと言える学級を表彰するなら，どのようなデータをもとにどのように決めるか」と問い，自分の考えをノートに書かせる。できれば，この後に生データを収集し自分たちで考えさせるとよい。こうすることで日常事象への活用する態度を養う。

データの調べ方

東京都立川市立幸小学校　小泉友

■ 本時のねらい

　データの特徴や傾向に着目し，平均だけではなく，データの散らばりに目を向けて比較する方法を考える。

■ 本時の問題

　箸使い名人ゲームをします。（10個の1cm³を箸を使って移動させるゲーム）どちらの学級の箸使いゲームが上手と言えるでしょうか。

■ どのような見方・考え方を引き出すか

①散らばりに目を向けると，2つの集団を比較することができること。

②データは条件をそろえて取る必要があること。

■ どのように見方・考え方を引き出すか

　箸使いゲームをした結果として，平均が同じ集団のデータをカードに書いてバラバラに見せる。2つの集団について，「どちらの集団が上手と言えるか？」と問うことで，既習である平均の学習から集団の傾向を考えていく。しかし，平均が同じ数値を設定することで，「平均以外で集団の特徴を捉えることができないか？」という問いを持つことができる。また，バラバラにしたカードから，「見やすく並べ替えたい」という思いを持たせ，カードを操作していく中で，中央に寄った集団と，散らばっている集団とに気付き，散らばりに目を向けると，2つの集団を比較することができることに気付いていく。また，授業の終末で，実際に自分たちのデータを収集する活動を取り入れることで，データの取り方について，「条件をそろえなければ公平にならない」ということに気付くことができる。

■ 本時の流れ

準備するもの

ストップウォッチ　箸（またはそれに代わるもの）

1 cm³の立方体　B6程度の大きさの画用紙

1.　箸使いゲームのルールを知る

「箸使いゲーム」の方法を伝え，クラスの児童から一人代表でやってもらう。

箸使いゲームの図

<箸使いゲーム>

1 cm³の立方体10個を右の画用紙から，左の画用紙
に箸を使って移動させる。

10個すべてを移動させるのにかかる時間を測定する。

	A	B
①	10	7
②	11	8
③	11	9
④	12	9
⑤	13	10
⑥	13	11
⑦	13	12
⑧	13	12
⑨	13	12
⑩	14	15
⑪	14	15
⑫	14	20
⑬	14	20
⑭	15	22
⑮	15	
平均	13	13

2.　「どちらのチームが器用と言えるかな？」

　ある2つの集団のデータを提示する。（提示するデータは左の表である。平均が同じになるように，意図的なデータを提示する）このときに，一覧表で提示するのではなく，1枚ずつ提示していくことで，各チームごとに数値のばらけ方，つまり集団の特徴が異なっていることに目を向けることができる。

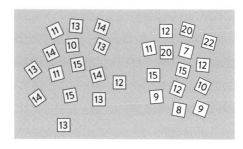

3. 「平均を調べてみよう？」

　子供たちに「どうやって調べてみたらいいかな？」と投げかける。まず，合計・平均の見方が出てくることが考えられる。合計については，人数が異なっているため，比較することができない。そこで，子どもたちはまず平均を求めてみようと動き出す。平均を求める際には，児童の実態によって計算機を用意しておくとよい。

> 平均を求めた結果
> A （10＋11＋11＋12＋13＋13＋13
> 　　　＋13＋13＋14＋14＋14＋14＋15＋15）÷15＝13
> B （7＋8＋9＋9＋10＋11＋12＋12
> 　　　＋12＋15＋15＋20＋20＋22）÷14＝13

　平均を調べてみると，両方とも平均は同じ値となる。そこで，「平均は同じなんだけど，この2つのどちらがよりよい記録と言えるか，比べる方法はないかな？」と問う。

4.「平均以外の見方はできないかな？」

　導入の段階でカードで提示した数値をそれぞれ見直してみる。すると，「カードがばらばらだから見にくい」とつぶやく子どもが現れる。そこで，「どうしたら見やすくなるかな？」と投げかける。「きれいに並べたい」「大きい順で」などと子どもたちはばらばらのカードをきれいに並べられれば，何かが見えてくるのではないかという見通しをもつ。そこで，カードを並べ替えるよう促す。

　カードを並べ替えてみると，右図のようになる。並べ替えることは子どもに任せたい。黒板のスペースなどにもよるが，最初はカード同士をつけて並べることが予想される。実態によっては，並べ替えるときに，教師が数直線

を書き，それを基準に並べ替える作業をすることも考えられる。

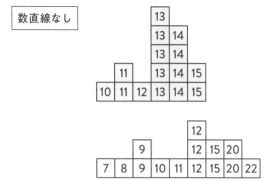

数直線なし

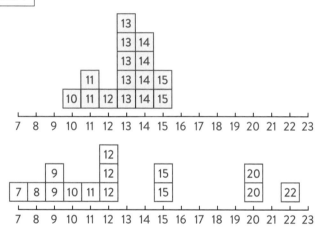

数直線あり

5. 「カードを並べてみるとどのようなことが言えるかな?」

　カードを並べ替えてみると，2つのデータについて，平均は同じであるが，それぞれの集団に特徴があることが見えてくる。ここで，「並べ替えたものから，AとBの特徴を考えてノートに書きましょう」と自分で考える時間を取る。こうして，並べ替えたことで，平均だけではない，新たな特徴を見いだすことに，このデータの活用領域で働かせるべき見方・考え方が表れる。

カードを並べ替えることから見えてくる新たな見方

◇Aはまとまっているけど，Bは散らばっている。

◇Aの集団は，結果が真ん中に集まっている。安定している。

◇Bは最大（最速）のタイムはあるけど，最小（最遅）のタイムもある。

◇最大値（最速値）で比べてみると，Bの方が器用と言える。

平均以外にも，こんな見方
があるんだね。

並べてみると，新しい
見方ができるね。

　ノートに書いたことをもとに，お互いの考えを共有していく時間を取る。
「こんな見方をすると，Aの方が上手ということができるのではないかな」「B
はすごい速い人がいるけど，遅い人もいるから，真ん中にまとまっているA
の集団の方がいいのではないかな」「こんなに様子が違うAとBなのに，平均
が同じって面白いね」というように，子どもたちが，並べ替えたデータから
読み取ったことを交流していく。そこで，集団の特徴を考えるときには，平
均だけではなく，データの散らばりをもとに，さまざまな見方があることを
理解していく。

6.　自分たちのデータを実際に取ってみる

　さまざまな見方を交流した後，最後に自分たちのデータを実際に取ってみ
る。2人でペアになり，ストップウォッチでタイムを測定していく。子供た
ちは楽しんで活動に取り組む。また，この活動自体，データを取るのは10秒
から20秒程度である。簡単にゲームを行うことができる。

　実際にデータを取っていく中で，「2ついっぺんに取るのってありなの？」
「箸ではじいて隣に移動させるのはずるいんじゃない？」「画用紙の距離がば

らばらだと公平にデータを取ることができない」など，データの収集方法について話し出す子が現れる。そうした子どもの姿を捉えて，全体に問い返すことで，データの収集方法についても子供たちは考えるようになる。

　統計的問題解決のサイクルとして「目的→計画→データ収集→分析→結論」がある。こうしたデータの収集方法について動き出すことには大きな価値がある。こうすることで，自分たちの出した結論の妥当性について批判的に考察する力が養われていく。

> データを取るときには条件を同じにしないといけないんじゃないかな。

7. 「学習を振り返ろう」

　子供たちは，第5学年までに学習してきた平均の見方から，新たな集団の特徴を見る方法をつかんでいく。「平均は同じだったけど，並べてみると散らばっていることや，最大や最小の数値も見えてきた」など，この単元の中で学習する内容について見方・考え方を広げていく様子が見られる。こうした姿をただ書かせて終わるだけではなく，全体で共有することで，子どもたちの見方・考え方は広がっていく。また，6で述べたように，データの収集方法や，そもそもこの箸使いゲームで「器用」というものが測れるのか？　目的が違うのではないか？　というような思いを持つことも大切にしたい。「こんな見方をすると，こういう結論を導くことができる」「こういう目的であれば，こんなデータが必要だ」というように，統計的問題解決のサイクルを回すということを教師自身が意識して子供たちに向き合うことで，子どもたちの姿を適切に価値付けることができる。

14

文字と式（活用）

東京都国立市立国立第三小学校　河合智史

■ 本時のねらい

　文字が表すものによって，●の並び方が変わることから，文字が何を表しているのかを明確にすることの意味について考えることができる。

■ 本時の問題

①図を式に表しましょう。

②3×x の式に合うのはどんな並び方でしょう。

■ どのような見方・考え方を引き出すか

・正方形に並んだ●の数の求め方をまとまりに着目して式で表すこと。

・文字で表された式に他の数値を代入し，図と合わなくなることに気付くこと。

・3×x が表す式は x が辺の数を表していることに着目し，正多角形の辺の数が変わっていく式であると捉え直すこと。

■ どのように見方・考え方を引き出すか

　正方形に並んだ●の数を求める際に，① 4×4−4 と② 3×4 の2つの式を取り上げる。正方形を大きくしていくと，①の式は 5×4−4，6×4−4 と変わっていくので，一辺が x 個のときは，x×4−4 であることを押さえる。そこで教師が「3×4 も 3×x とすればよいね」と揺さぶる。実際に4を代入すると答えは正しくなるから，それでもよいのではないかと考える子どもも出てくる。その中で，「でも，一辺を大きくした場合におかしくなるよ」という反応を引き出す。では，どんな並び方を表す式なのだろうかという問いが生まれる。3×x を言葉の式に直すと，（一辺に並ぶ●の数−1）×辺の数となることから，「五角形にしてみよう」と図を変え始める。何を文字で表すかに

ついて考える場面となる。

◢ 本時の流れ

1.「●の数はいくつかな?」

画用紙にかいてある●の数をパッと見せてすぐ隠すよう
にして提示する。●の数はいくつあったか問うと，「速くて
わからない」「正方形みたいに並んでいた」と返ってくる。並
んでいる形について返ってこない場合は，「どんなふうに並
んでいた?」と問うてもよい。黒板には「正方形」と書いておく。もう一度
図を見せる。すると，1つの辺に並んでいる●の数だけ数えようとしている
子どもがいるので，その子を取り上げる。「なんでそんなことをしているんだ
ろう」と教師が問うことで，「1つの辺にいくつ並んでいるかがわかれば，求
められるから」と全てを数えなくても求められることを共有できる。このよ
うなやり取りから，1つの辺に並ぶ●の数に着目させるとともに，その数さ
えわかれば，式で全体の数を求めることができることを確かめる。

2.「●の数がいくつあるかを式に表そう」

「●の数がいくつあるかを式に表せるかな?」と問い，ノ
ートに書かせる。大きく分けて4×4−4，3×4の2つの考
え方が出てくる。3×4を（4−1）×4と表している子もい
る。4×4（誤答）の式だけを書いている子がいれば把握し
ておく。「こんな式を書いていた人がいるよ」と教師から4
×4−4，3×4の2つの式を板書する。

4×4−4の図

まず，「4×4−4」から取り上げる。この式はどうやって●の数を求めてい
るのかを考えさせる。「1辺に4個並んでいて，辺が4つあるから4×4」「で
も，被っている分が角に4つあるから4×4−4」というような説明の中で，4
×4−4の3つの4の数が表しているものを押さえ，「1辺に並ぶ●の数×辺の
数−被った部分」などと，言葉の式に表して板書しておく。

全体で式と図を対応させて説明をしているときに，4×4など間違ってしま
っていた子が角の●の重なりに気付いているかを確認しながら進めることが
大切である。まず4×4−4の式についての理解が土台となるので，必ず図と
対応させていく必要がある。

3.「一辺に並ぶ●の数が x 個のときは？」

　一辺に並ぶ●の数が x 個のときの式をノートに書かせる。先ほどの説明で
式が表すものが何かわかっていれば，難なく $x×4−4$ と考える。

$x×4−4$の式でいい？

だって，例えば一辺が5個のときは$5×4−4$で16になる。

図にすると……。

「$x×4−4$の式でいいですか？」と教師から問うと「だって，辺の数が5個
のときは……」と図をかき始める。その図をもとにして，x に5を代入して
求められる答えと図とを対応させて確認する。図が出てこない場合は，教師
から図を示し，本当に数と合うのか確かめる。

4.「じゃあ，3×4は3×xでいいね!」

　もう一つの式の3×4の4の部分を x に変えて，「3×4の式も，一辺に並ぶ
●の数を x とすると，3×x でいいね」と教師から投げかけてみる。一辺に
並んでいる●の数である4を入れると，確かに12となり，図と合うことにな
る。ここで，子どもが「でもさ，一辺が5のときはおかしいよ」と言い始め
る。教師からあえて3×xと間違った式を示すことで，3×4の3や4といっ

た数が何を示しているのかについて着目したり，x に他の数を入れてみよう
と考えたりすることにつながる。

じゃあ，3×4は3×x でいいですね！

4を入れると確かに合ってるからよさそうだな……。

でも，5を入れるとおかしいよ。

3×4は（4－1）×4のことでしょ。

　3×x として考えると，1辺に並ぶ●の数が5個のとき
に●の総数と合わなくなることを説明するために，右の
図が生かされる。図の●の数を数えてみれば，15個とは
ならないことが確かめられる。

　また，式で，「3×4って，（4－1）×4にした方がわかり
やすいよ」と図からは3が何を表しているのかがわかりに
くいので，式を変える子が出てくる。その際に，（4－1）
×4はどうやって●の総数を求めようとしているのかを，
図と対応させながら，説明できるようにさせる。初めに

（4－1）×4の式ではなく，3×4の式を取り上げておくことで，式をもっと操作
と結び付けるために直した方がいいという考えを引き出すことができる。

　そして，（4－1）×4の式だと，1辺に並んでいる●の数が5個のときは，式
がどのように変わるか問い，変数に着目させる。そうすることで，「（一辺に
並んでいる●の数－1）×辺の数」というように言葉の式で捉えられるように
なる。

15

5.「3×xという式が表しているものってなんだろう」

「一辺に並んでいる●の数がx個のときは，どんな式になるのかな？」と問うことで，「（一辺に並んでいる●の数－1）×辺の数」という言葉の式をもとにして，（x－1）×4となると，子どもたちはまとめることができる。では，「3×xの式は，何をxとして表しているのかな？」と全体に問う。

すぐに見方を変えて考えられる子とそうでない子に分かれる場面である。辺の数が変わることによって，形が変わるのだという見方が変わる体験を全員にさせたい。そこで，「わかった」「そういうことか」と反応する子たちに，どの部分に着目しているのかについて，ヒントをもらう。例えば，言葉を使わないでヒントをもらうようにする方法がある。「（一辺に並んでいる●の数－1）×辺の数」と言葉で表された式の「辺の数」の部分を指差す子もいれば，正方形の辺を指でなぞる子もいる。どこに着目すればよいかわからなかった子たちも，それらのヒントから，「xが辺の数を表している」「xが5のときは3個のまとまりが5つになる」「正方形ではなく，形が変わるのかな」と気付き始め，子どもたちはノートに図をかいて確かめたくなる。見通しをもてたと

ころで、「ノートにわかったことを書いてごらん」と時間を取る。ノートに正五角形の図を描いて確かめる子もいれば正六角形などの他の正多角形でもなることを調べている子もいる。

初めに、正五角形の図をかいている子を取り上げ、黒板に書かせる。正五角形の図をもとに、「何を表している図かな?」と全体に問う。「3個のまとまりが5個あるよ」「これは3×5の図だ」という反応があり、「3×5が見えるの?」と問うと、子どもたちは黒板の図の中に、丸で囲んで説明を始める。その際に正方形の図と比較して捉えさせることで、「正方形は辺の数が4つだったけど、辺の数が5つになるから正五角形になる」とxに5を代入したときの図は「一辺に並ぶ●の数が4個のときの正五角形」であることを子どもたちの言葉でまとめることができる。

x が4のとき	x が5のとき	x が6のとき
3×4=12	3×5=15	3×6=18

x が5のときは正五角形であることを押さえると、他の図で考えていた子たちから、「x が6のときは六角形になるよ」「8のときは正八角形だ」と広げていく。ここで、一辺に並ぶ●の数はどの図形も4個であることを合わせておくとよい。「つまり、3×x は何を表していたの?」と問い、「一辺に●が4個並んだ正多角形を表している」とまとめていく。最後に、x×4−4と3×x では、どちらもxを使っているが、何をxとしているかが違うことを振り返る。何を変数とするかによって、図が変わることから、「xを一辺に並ぶ●の数をxとすると」や、「辺の数をxとすると」など、何を文字として表しているかを断ることの大切さについて考えられるようになっていく。

[中学校へ向けて]
等式・方程式の素地

静岡県函南町立函南中学校　大桑政記

■ 本時のねらい

　操作の結果を，文字を用いた式に表すことができることを理解し，数量の相等関係を，式を用いて表したり読み取ったりすることができる。

■ 本時の問題

　あめと1円玉が複数乗っている天秤が釣り合っています。あめの重さは何gでしょうか。

■ どのような見方・考え方を引き出すか

①操作の方法や操作の結果を，文字を用いた式で表現すること。

②数量の相等関係を，式を用いて表現するとともに，具体的な操作を通して簡単な等式の性質に気付くこと。

■ どのように見方・考え方を引き出すか

　①については，式が1つの数を表すという見方ができるように，片方の天秤に乗っているものの重さを表す活動を行う。子どもたちは小学校6年間を通してさまざまな場面で式を用いているが，そのほとんどは数量の求め方を表す式である。「何g？」と単位を付けて発問することで，例えば「$(x+2)$ g」と1つの数として見る式の表現を引き出す。このような表現を繰り返すことで，文字を使わない場合の式も1つの数として見ることができる。

　②については，「＝」は両辺が等しいことを表すという見方ができるように天秤が釣り合う場面を考えることを学習活動の中心とする。実際に天秤を操作する活動も取り入れることで両辺に同じ数を足したり，引いたり，かけたりしても，同じ数で割っても等しいという見方を引き出す。

本時の流れ

1. 「これは何g？」

図1を見せて「これは何g？」と問う。

天秤の右側が隠れているので，子どもは当然「わからない！　右側を見せて！」という。「右側がわからないと表せないの？」と問い返すことで，「文字と式」での学習を想起し，「x g」などと文字で表せることを確認する。

ここで図2のように天秤の右側を見せる。天秤が釣り合っているのでこの場合「$x = 2$」と「＝」を使って表せることを確認する。

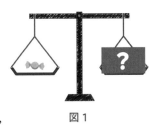

図1

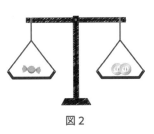

図2

2. 「この場合は何gと言える？」

次に図3のようにあめ1個と1円玉2個の図を見せ次のように問いかけた（あめの色は変え，1問目とは別のあめであることを示す）。

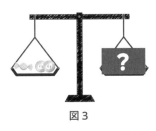

図3

[見方・考え方が働いている場面①]

この場合は何gと言える？

またわからないから x g？

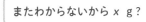
あめはわからないけど，1円玉は2個で2gだとわかるよ。

そのことを式で表せないかな？

$x + 2$だから $x + 2$……gかな。

16

16　[中学校へ向けて]　等式・方程式の素地　　　*097*

「$(x+2)$g」のように式を1つの数として見る表現は教師から教えなければならない内容である。しかし，最初から教えるのではなく，子どもから出た表現を価値付け，その表現を繰り返すことで一方的に教えるよりも確かな知識として身に付く。

3.「あめは1個何g？」

図4を提示し，「$x+2=5$」という等式で表せることを確認した上で，「あめは1個何g？」と尋ねる。すぐに「3g！」という反応が返ってくるが，この時点ではまだわかっていない子どももいる。

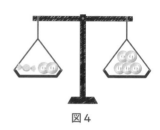

図4

[見方・考え方が働いている場面②－1]

なんで3gとわかったの？

1円玉を両方から2枚ずつ取ればわかるよ（図5のように操作する）。

1円玉を取ってもいいの？

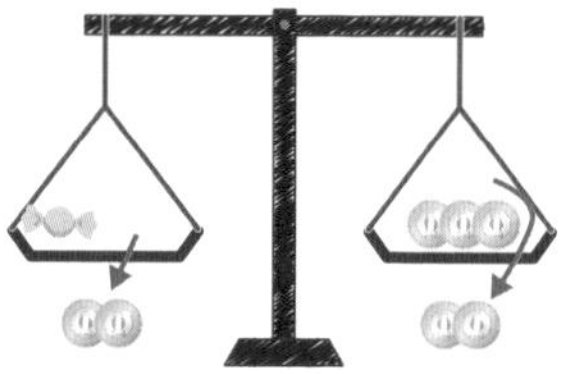

5gから2g取ったら3gでしょ。$x+2$も5gだから2g取ったら3gで釣り合うはず。

図5

ここまでで，片方の皿にあめが1つだけになればあめの重さがわかることが共有された。

4. 実際の天秤登場

ここで，教室の隅に隠しておいた実際の天秤（1.5Lのペットボトル，竹ひ

ご，目玉クリップ，透明カップ，タコ糸，で
自作したもの。あめは粘土で作成し，重さを
調整した）を見せる。あめはこれまでと違う
重さであることを確認した上で次のように投
げかける。

「この天秤は $(3x + 2)$ g と $(x + 10)$ g が釣
り合っています。あめ1個の重さは何gでしょう？」

　急に数値が複雑になったことで子どもたちからはどよめきが起きる。しか
し，実際の天秤であることから，「その天秤を使って動かしていいんだよね
？」という質問があった。そこで，「もちろんいいですよ。でも1つだけルー
ルがあります。一度取ったものは天秤に戻してはいけません」と伝えた。こ
れは，全部取ってから一方にあめ1個を置き，他方に1円玉を置いていって
重さを調べるという方法を制限するという面もあるが，それ以上に実際の操
作をしながらも念頭操作を行っていくことを意図したものである。

5. 「次もあめを取ればいいね」

　4〜5人のグループに1つずつ天秤（あめと1円玉はあらかじめ載せてお
く）を分けて実際に操作をしていく。

　授業前半の経験から，最終的に片方の皿にあめが1つになるように取って
いけばよいことは予想できる。子どもの様子を見ていると初めに両方の皿か
らあめを1個ずつ取るグループと1円玉を1つずつ取っていくグループがあ
った。前者のグループでのやり取りを紹介する。

[見方・考え方が働いている場面②-2]

 何であめを取ったの？

 あめを1個にしたかったから早く減らそうと思って……。

じゃあ次もあめを取ればいいね。

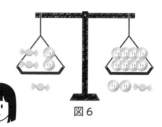
図6

だめだめ！ 右側にはもうあめが
無いんだから！（図6）

右側にあめがないと何でだめなの？

左側からあめを1個取ったら右側からも
取らないと傾いちゃうでしょ。

あめと同じ重さのものを右側から取らないといけないけど、まだ
あめの重さがわからないから運が良くないと釣り合わない！

　天秤の両側から同じ重さを取れば釣り合ったままであるという考えは「等
式の両辺から同じものを引いても等式は成り立つ」という等式の性質とつな

がる。教師が問い返すことによって実際の操作や念頭で行っていることを言葉で表すことができた。

6. 「どうしてわかるの?」

　図7のようになったところで，あめを取ることができなくなる。しかし，子どもたちは，「もうわかった!　4gだ」と言う。そこで，「どうしてわかるの?」と問い返す。すると，「あめが2個で8gでしょ。1個分だから半分にし

図7

て4g」とあめ1個の重さを言い当てることができる。この考えは「等式の両辺に同じ数をかけたり，同じ数で割ったりしても等式は成り立つ」という等式の性質につながる。

　中学校に向けての発展的な内容であるため，等式の性質そのものや，その式化，移項などについては扱わなかったが，その素地となる見方・考え方を働かせることができた。

　授業後，あめや1円玉の数を変えて天秤を釣り合わせている子どもたちの姿が見られた。あめ1個を釣り合わせた状態から左右にあめや1円玉を増やしていく様子は「等式の両辺に同じ数を足しても等式は成り立つ」という等式の性質につながる。

　また，違う重さのあめを使って釣り合わせている子どももいた。これを式に表せば2元1次方程式になる。中学校で数学になると小学校の算数よりも抽象的な学習が増えるが，具体的な操作と念頭操作を行き来する活動を大切にすることで具体的な活動が抽象的な内容の理解に繋がっていく。小学校のうちに具体的な操作を伴う数学的な内容に関わる活動に存分に触れておきたい。

執筆者一覧 (執筆順)

山本　良和	筑波大学附属小学校	はじめに	
尾崎　伸宏 *	成蹊小学校	1 , 12	
根津　直文	東京都葛飾区立梅田小学校	2	
前田　一誠 *	IPU 環太平洋大学	3	
中村　浩司	山口県山口市立嘉川小学校	4	
中村　光晴	北海道札幌市立資生館小学校	5	
間嶋　哲 *	新潟県新潟市立新津第三小学校	6	
中田　寿幸 *	筑波大学附属小学校	7	
倉田　一広	青森県東成瀬村立東成瀬小学校	8	
重松　優子	大分県別府市立南小学校	9	
青木　弘明	新潟県糸魚川市立西海小学校	10	
阿保　祐一	青森県八戸市立柏崎小学校	11	
石川　大輔	東京都荒川区立第一日暮里小学校	13	
小泉　友	東京都立川市立幸小学校	14	
河合　智史	東京都国立市立国立第三小学校	15	
大桑　政記	静岡県田方郡函南町立函南中学校	16	

＊：6年　編集理事

子どもの数学的な見方・考え方を引き出す算数授業

各学年収録単元

子どもの
数学的な見方・考え方が働く
算数授業

6年

令和2年3月9日　初版第1刷発行

企画・編集　全国算数授業研究会
発行者　錦織圭之介
発行所　株式会社　東洋館出版社
　　　　〒113-0021　東京都文京区本駒込5丁目16番7号
　　　　営業部　電話03-3823-9206　FAX03-3823-9208
　　　　編集部　電話03-3823-9207　FAX03-3823-9209
　　　　振替 00180-7-96823
　　　　URL http://www.toyokan.co.jp
装丁　新井大輔
編集協力　株式会社　エディポック
印刷・製本　岩岡印刷株式会社

ISBN 978-4-491-04063-9
Printed in Japan